陕西省哲社课题（2018Q08）课题资助
2020陕西师范大学优秀学术出版基金资助

元教学行动
——教师自主发展之路

尚晓青 著

 陕西师范大学出版总社

图书代号　ZZ22N1759

图书在版编目(CIP)数据

元教学行动：教师自主发展之路／尚晓青著. —西安：陕西师范大学出版总社有限公司，2022.10
ISBN 978-7-5695-3234-0

Ⅰ.①元…　Ⅱ.①尚…　Ⅲ.①中学教育—教学研究　Ⅳ.①G632.0

中国版本图书馆 CIP 数据核字(2022)第 197394 号

元教学行动：教师自主发展之路
YUANJIAOXUE XINGDONG: JIAOSHI ZIZHU FAZHAN AHILU

尚晓青　著

责任编辑	钱　栩
责任校对	冯新宏
封面设计	金定华
出版发行	陕西师范大学出版总社
	(西安市长安南路 199 号　邮编 710062)
网　　址	http://www.snupg.com
经　　销	新华书店
印　　刷	西安日报社印务中心
开　　本	787 mm×1092 mm　1/16
印　　张	13.5
字　　数	238 千
版　　次	2022 年 10 月第 1 版
印　　次	2022 年 10 月第 1 次印刷
书　　号	ISBN 978-7-5695-3234-0
定　　价	52.00 元

读者购书、书店添货或发现印刷装订问题，请与本社高等教育出版中心联系。
电话：(029)85303622(传真)　85307826

前言

"元教学"(英文为 Meta–teaching)这一概念在 2011 年之前的中文文献中很少有学者提及。虽然在英文文献中已有个别学者提及,但很少看到对其进行完整界定和系统论述。国内第一篇比较系统地论述元教学的论文,是陈晓端教授发表于《陕西师范大学学报(哲学社会科学版)》2011 年第 1 期上的"元教学研究引论"一文(同年被《新华文摘》全文转载)。当时,我正在申请与陈晓端教授做博士后研究。进站后不久,在与陈教授讨论博士后研究选题过程中,我发现自己在研读了陈晓端的"元教学研究引论"一文后,对进一步思考和探索元教学的理论和实践产生了浓厚的兴趣。尽管陈晓端教授谦虚地告诉我,他个人关于元教学的理解和思考还不够成熟,理论分析也不够系统,仅仅是一点初步的探索。他还强调,只有进一步深入挖掘元教学的理论要素,积极探索合理的元教学行动框架或路径,才能使其在优化教学实践和促进有效教学方面发挥应有的作用。也正是陈晓端教授的感慨和期望激发了我进一步研究和探索元教学的热情。于是,我就把元教学实践作为自己博士后的研究方向,并决心从实践的角度探究元教学的行动样态和合理路径。本书也正是在自己博士后研究成果的基础上,经过进一步实践探索而形成的。

元教学中的元,虽和元理论、元教育学、元方法等概念中的元有相同的哲学意味,但由于词性、对象以及领域的不同,其概念所涉及的内涵和外延不尽相同,这也可能会给人们理解元教学造成困扰。事实上,国际上关于元教学的系统论述虽缺乏,而在相关教学理论的文献中却时有出现,这就为本人继续研究提供了动力。经过对国内外相关研究资料的分析发现,关于元教学的很多解释与元认知有异曲同工之处,也许是元教学与元认知词性相同的缘故。于是,在本研究中关于元教学及元教学行动的阐释更多以元认知的概念界定为参照。所谓元教学是关于教学的教学,元教学行动就是元教学理念的实践体现,它是关于教学的教学行动,它随教师的教学行为以及教学活动的展开而发生,它是保障教学行动有效性、针对性、合理性的高级教学行动。元教学行动这个术语虽然比较新,但其涉及的活动却已经在教学实践中时有发生,并且分布在教学活动的不同层级领域。然而,仔细考察一线的教学实践,不难发现,尽管元教学行动对促进有效教学和教师专业发展有着重要作用,但目前仍没有受到教师的重视,更没有成为教师教学发展过程中的一种常态化活动,其本来应有的作用也会大打折扣。这样的现状,不仅影响教师的发展步伐,而且桎梏课堂教学质量的提升。这也正是本书倡导和强调一线教师在教学活动的全过程积极践行元教学的重要理由。元教学行动作为引导教师对教学活动达到自我明晰、形成自主表述、开展自我监控和自觉反思的活动框架,它能为推动教师自主自觉发展提供动力支持,也是促进教师专业内涵式发展的切入点。因此,本书想通过理清元教学概念,阐释元教学行动,为教师教学发展建构元教学行动框架,为教师的自主发展提供路径和保障。

全书由八章组成。第一章梳理元教学概念来源,通过解析元教学与教学、有效教学、反思教学之间的关系,揭示元教学本质;第二章界定元教学行动、建构元教学行动结构;第三章是理论与实践研究的纽带,主要介绍元教学行动研究的三种方法设计:问卷、访谈和个案研究;第四章描述了当前教师元教学行动的整体样态及其存在问题;第五章从个案的比较中,提炼出元教学凸显着的特征,论证了元教学行动的现实存在性及其对教师发展的有效性;第六章展现了教师在经历元教学行动指引之后的效果,进一步证实元教学行动对于教师教学发展的有效性;第七章为教师的自主发展提供元教学行动实践路径;第八章旨在呼吁各界为教师自主发展提供保障。这里需要简要说明的是,相对于教学而言,元教学本身就是一个比较抽象的概念,目前不同学者对此仍有不同的见解,而对元教学行动的界定又会受到人们对元教学本身不同理解的影响。本研究对元教学的定义和对元教学行动框架的分析和实践应用的建议,仅仅是一种初步的尝试,其中的理论分析和实践设计不可避免地会存在认识上的不足和实践上的欠缺,之所以想通过此书把自己还不太成熟的研究成果呈现出来,就是希望能起到抛砖引玉的作用,以便今后让一线教师对元教学行动及其价值实现有更系统和深入的理解和认识,从而使教师基于有效的元教学行动不断提升课堂教学质量,进而促进其专业发展。为此,作为本书作者,我非常希望同行学者能不吝赐教,以便进一步深化未来对元教学行动及其与教师专业发展关系的研究。

最后必须要说的是,本书在前期理论研究和实践探索以及后期成书过程中,得到了不少专家学者和一线教师的关心与支持,他们分别是:西安交通大学陆根书教授,海南师范大学李森教授,陕西师范大学郝文武教授、陈晓端教授和张立昌教授,西安市雁塔区教研主任刘旭亮老师,西安市十四中范改芳老师以及陕西师范大学出版总社的责任编辑钱栩老师。正是有了各位的帮助和贡献,此书今天才能顺利出版。在此,我对他们的辛勤付出表示衷心感谢!

尚晓青
2022 年 6 月 25 日于陕西师范大学田家炳教育书院

目　　录

绪论 …………………………………………………………（ 1 ）

第一章　元教学概述 ………………………………………（ 5 ）
第一节　元教学溯源 ………………………………………（ 5 ）
第二节　元教学释义 ………………………………………（ 6 ）
第三节　元教学与相关概念辨析 …………………………（ 13 ）

第二章　元教学行动结构 …………………………………（ 26 ）
第一节　元教学行动内涵 …………………………………（ 26 ）
第二节　元教学行动前提 …………………………………（ 28 ）
第三节　元教学行动框架 …………………………………（ 38 ）

第三章　中小学教师元教学行动研究设计 ………………（ 50 ）
第一节　问卷研究设计 ……………………………………（ 50 ）
第二节　访谈研究设计 ……………………………………（ 52 ）
第三节　个案研究设计 ……………………………………（ 69 ）

第四章　中小学教师元教学行动实践样态 ………………（ 82 ）
第一节　中小学教师元教学行动的差异化表征 …………（ 82 ）
第二节　中小学教师元教学行动中的问题 ………………（ 85 ）
第三节　中小学教师元教学行动影响因素 ………………（ 96 ）

第五章　元教学行动凸显者的特征 ………………………（103）
第一节　元教学行动凸显者特征（教学前）………………（103）
第二节　元教学行动凸显者特征（教学中）………………（114）
第三节　元教学行动凸显者特征（教学后）………………（132）

第六章　元教学行动之个案引导 …………………………………(145)
第一节　元教学行动的引导方略 …………………………………(145)
第二节　元教学行动的引导效果 …………………………………(148)

第七章　元教学行动实践路径 ………………………………………(154)
第一节　个体自觉实践的行动路径 ………………………………(154)
第二节　个体内生成力要素的互动路径 …………………………(158)
第三节　个体间互动的发展路径 …………………………………(164)

第八章　元教学行动的保障条件 ……………………………………(177)
第一节　提升教师教育者团队的影响力 …………………………(177)
第二节　优化教师成长的外部环境 ………………………………(181)
第三节　建立生态化教师管理环境 ………………………………(185)
第四节　搭建区域性教学服务平台 ………………………………(190)
第五节　强化教师专业培训措施 …………………………………(194)

参考文献 ………………………………………………………………(200)

附录 ……………………………………………………………………(206)
附录1　教师教育现状调查问卷 …………………………………(206)
附录2　研究问卷结构效度 ………………………………………(208)

绪　论

一、理论之思

人类社会发展的最优指向是由以阶级为本位进化到以个体为本位[①]。阶级社会是一个阶级本位、人类本位和个体本位共存的时期,要实现个体间的自由和联合,人首先要战胜权威,消灭阶级;通过个体意识的自觉,理解和尊重自然,驱除人类本位思想。个体本位意味着人对自身的理解和把握,人能够通过与自身的对话,进行自我创造性的生存实践活动,引导人类不断超越自身,从而实现人之成为自由人、幸福人、健全人的理想目标。

生存实践是个体本位思想实现的重要手段,它是人与事物自身打交道的实在活动[②],在这种生存实践活动中,"我思"与身体并存,并且指导着身体活动,促进着身体和精神共同获得发展,从而实现个体本位。"我思"是精神活动,是一种虚践[③],身体活动具有物质操作的可能,它和虚践一同构成了实践,此时的虚践不同于虚无,它有其存在价值,虚践为实践进行设计和规划,指导、反思和引领着实践,相比实践具有一定的超越性,因此,个体在精神层面通过虚践能够不断地设计自己的实践之道和与此相关的世道时,就使得权威们失去了存在价值,个体的价值就会得到突显,个体之间的自由联合将承载社会发展的任务。而虚践,是实现个体自在性和自由性的根基,是实现个体价值、构建以个体为本位社会的重要组成部分。

然而,个体意识的匮乏不仅影响着个体发展,甚至影响到社会发展,反

[①] 王晓华.回到个体的哲学[M].桂林:漓江出版社,2012:4.
[②] 王晓华.回到个体的哲学[M].桂林:漓江出版社,2012:21.
[③] 王晓华.回到个体的哲学[M].桂林:漓江出版社,2012:33.

映在教师身上,个体意识的匮乏不仅可能影响教师自身的发展,还可能影响教育的整体进步。教师实践活动的特殊性决定了教师生存实践以及个体意识的特殊性。教学,作为教师的实践活动,其目的在于指引人的发展,对应于他的实践活动——应该给他提供如何指导人的思想和方法,这种实践的形成不仅需要教师个体具有这种个体的自我反思意识,也需要教师个体能够影响自身所面对对象的个体意识形成。因此,如果一般人的个体意识形成需要对自身的实践进行元操作,教师的个体意识形成不仅仅依赖自己的元操作,还要了解他人的元操作,引导他人形成元操作,它是一种双重的元操作活动;从实践的实在体来看,一般的实践直接指向实践者的实在,而教师的实践直接面临的实践是教和学——是双重的实践,不仅仅需要对自己的教进行反思,同时也需要对学的实践进行设计和引导。本书中,我们采用"元教学"为核心概念词,表达教师在教学活动基础上形成的元操作,以此来探讨教师元教学的内涵、实践表征和教师自主发展的路径。

二、实践之思

目前,教师教育的专业化发展问题在全世界受到了普遍关注。在我国,教师的职后教育成为教育事业发展中政策引导和技术支持的重点。然而,从宏观指导层面来看,我国教师职后教育仍面临难题:培训和培养优秀教师的相关策略还不够明晰,配套实践举措难以落实。中小学在职教师继续教育涵盖着从国家到省市层面、从面对面到远程教育不同层次的培训,从教育部门到学校都在不同程度上重视教师的职后教育,然而这些培训收获甚微。无论是哪个团队承担的教师教育任务,都不能完全满足保障教师教育效果所需的诸如专业教师教育团队、精准性的培训内容、精心研发的设计方案等重要条件,致使教师培训千篇一律;教师培训中普遍存在着忽视理论课、重视实践课,忽视专家、重视一线教师的培训选择趋向,致使理论引领却步不前;网络培训难以监控,短期大强度的集中培训会让培训者感到课时紧、任务重,教师们从体力和精力上都难以应对这种高强度训练,以至于对有些新概念、新理论难以消化。由此可见,教师教育过程受到教育政策、教育条件、教育管理、教育团队以及教师个人等诸多因素的影响,任何一个因素偏离促进教师发展的主题，或者忽视这项事业的重要性，都会让教师教育效果打折扣。教师教育是一项浩大的工程，需要各方齐心协力来完成。

从微观实践层面来看，当前中小学教师教学存在的普遍问题有：只管课上，不管课下；只授课不研课；教师疲于上课、批改作业等教学任务，无暇从教学发展的角度来审视教学；等等。在我国目前教育评价体系还未有重大变化之前，中小学教师的考评、学生的考评仍然以考试成绩为依据，家长、社会对于学校的期待也仍以学生的考试成绩为据。在社会舆论、考试、升职等多方面压力并存的生存环境中，很多教师经过长期的施压之后表现出对教学的机械化操作和对学生的封闭式管理。从外部表现来看，他们依然能够坚守岗位，以加强对学生的训练来提高教学效率；但是从他们对学校事务、对学生、对同事表现出的态度中即可发现，这些教师在教学中依然因循守旧、不愿创新，所谓教学的开放性、灵活性和发展性等要素难以在他们的课堂中得到体现。另外，教师的个人教学行为习惯制约着教师教学的发展，影响着课堂教学的有效实施。在教学之前，他们不善利用设计来保障教学的合理性，教学设计以经验为主，缺乏理性分析，方法选择以流行趋势为主，缺乏针对性的挖掘；在教学的实施中，他们缺乏有效的行为习惯来调控教学，以完成教学任务为目标，避免课堂中的生成性因素，教学流程严格按照线性化方式推动，使得课堂缺乏弹性和活力。在教学之后，多数教师对于教学反思的认识仍然停留于表层，他们沿用传统的方法，以完成教案设计中"教学反思"一栏的填写为目标，简单地把反思理解为完成教学任务，他们对教学反思的目的、方法以及作用缺乏深刻的认识，以致教学反思程式化、简单化和形式化。这些都将严重影响课堂教学的有效发展。因此，教师要提高课堂教学的效率，需要外界的驱动力，更需要从教师自身行为习惯的养成着手，从自我发展力的驱动入手。

三、构想

本书通过理清"元教学"概念，建构元教学行动框架，目的在于为引导教师教学针对性、实践合理性、过程有效性以及结果高效性提供思路，期待其能为教师的自主发展提供科学方略，能够为教师有效教学的开展提供理论依据。外部因素对于内在心灵的影响永远只是客观上发挥推动作用，而真正对于内心起决定作用的还要从主观寻找突破，从主观寻求自主发展的动力，从行动中获得可持续发展的能力。教师的发展仅仅依赖外部条件的干预难以实现，教师要从自身寻找发展的可能性，从教学本身认识教学发展对于自我发展的重要性，它需要一种力量来推动教师形成自主发展的动力；它还需要课前和课后对教学的深思和反思，需要一套保障教师教学的有效性的实施方略。本研究将基于元教学理论，探索元教学之于实践的指导性和有效性，基于教师教学实践探究元教学行动凸显者的特征，为促进教师教学的有效性和教师自主发展的可持续性提供现实依据；通过元教学行动框架的梳理为教师自身发展提供系统化的方略，为丰富教师教育理论提供依据。

第一章 元教学概述

第一节 元教学溯源

解析元教学,应该从"元"的本意对其进行词语解构,一是考察英文的表达"meta-",二是考察中文的释义。

一、元:关注本质

"元"(meta-)这个前缀,原是希腊文"在后"的意思。亚里士多德文集最早的编者安德罗尼库斯把哲学卷放在自然科学卷之后,名之为"Metaphysics"。由于哲学被认为是对自然科学深层规律的思考,"meta-"这个前缀就表示为对规律的探研。简单地说,关于 X 的 X,称为"元 X"[1],因此元教学就表示对教学的教学。《现代汉语词典》中"元"有"主要,根本"的含义项。元,无所不在也。人能守元,元则守之;人不守元,元则弃之(《子华子·大道》)。元犹原也(《春秋繁露·垂政》)。必先原元而本元(《潜夫论·本训》)。根据元的意思,可以推出,元教学就是关于教学的根源,关于教学本来面貌的探讨,表达了教学的本质存在,展现着教学原本应有的状态,这种存在状态无所不在。

二、元:指引方向

"元",后来在《朗文当代英语词典》,关于"meta-"的解释就有 above、beyond 之意[2],有"在……之上、超越……"的意思,或者表示一个比原来的水

---

[1] 赵毅衡. 广义叙述学[M]. 成都:四川大学出版社,2013:292.
[2] 朱晓申,邓天中. 交互性外语教学:理论与实践[M]. 上海:上海外语教育出版社,2007:29.

平更高的水平(a higher level)。从这个解释来看,元教学是对教学的超越,指引着教学。从虚实二元论来看,任何实践活动都不是单纯的实践,它是虚践指导下的实践,是部分虚在的实在表现,之所以说是部分的虚在,是因为还有一部分的虚在由于条件限制未能表现为实在的东西,但是所有的虚在都具有重要的指导、引领实践的价值,虚在是相对于实在更高的层次,虚践是在这个高层次水平上的一种活动,是对具体实践的元化。如果教学是一种实践活动,那么它的虚在则可用"元教学"来表示。

虚践与实践同时发生并指引实践,虚践通过对实践的设计、监控来发挥指导作用。元教学作为一种虚践,它设计教学、监控教学,伴随着教学的过程而发生,且不能游离于教学。相对于具体的教学实践,它虽有虚在性,但有一定的超越性。一方面,审视和反思着教学实践活动,指引着教学实践的开展;另一方面反观实践主体,表达了教师和自我的一种关系处理,关注教师的自我发展。由此可见,元教学是教师自己会教的意识形态教学,是一种基于教学思维、指向教学实践的意识性教学[1]。

第二节　元教学释义

一、元教学:在教学之上的超越反思

从元化对象的特征出发,元理论、元教育学中的"元"化对象都指向一门学科或理论,它们都是以名词作为元化对象;而元教学中的"元"化对象指向行为动词,它既代表一种实践活动,也可表示一种行为状态,其与元认知中的"元"如出一辙。

元认知是一个人所具有的关于自己思维活动和学习活动的知识及对其实施的控制。元认知系统包括两个相关的水平,即"元水平"和"目标水平",如图1-1所示[2]:一方面元水平通过改变信息流或加工目标水平,推动目标的实现;另一方面,目标水平又形成对元水平的控制,检测元水平

---

[1] 陈晓端.元教学研究引论[J].陕西师范大学学报(哲学社会科学版),2011,40(01):150-155.

[2] 裴国祥.元认知:理论与教育实践[M].杭州:浙江人民出版社,2001:20.

的说明和展示过程,目标水平代表着认知的形成,元水平代表着元认知的形成。

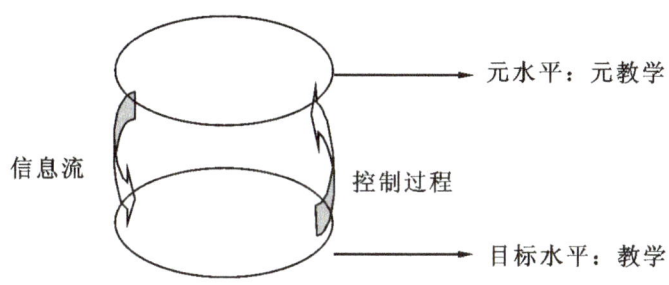

图1-1 Peter的教学模型

元认知系统包含3个重要因素,即元认知的知识、元认知实践和元认知调控,它们同时影响着元水平和目标水平之间的相互作用,元认知知识是对认知本身的解读和概念化,这种知识可以来源于认知本身,也可以来源于认知实践,因此更多的是一种策略性知识;元认知实践是对元认知知识的体验和尝试,而元认知调控则是元认知中的关键操作活动,它贯串于认知活动的整个过程:在认知活动开始之前,元认知调控表现为主体确定认知目标、制订计划、挑选策略,构想出多种解决问题的途径和方法,并估计其有效性,形成对认知的一个预想;在认知活动过程中,主体监控并及时调整认知策略或修正目标,保证认知活动的顺利进行和目标的实现;在认知活动结束之际,评价认知结果,正确估计自己完成认知任务的程度,反思认知缺陷,对后续认知提供基础和经验。

如果说元认知是关于认知的认知,那么元教学就是关于教学的教学。和元认知系统相对应,元教学系统包括两个相关的水平,即"元水平"和"目标水平",目标水平代表着教学的形成,元水平代表着元教学的形成。元教学和教学相当于元认知系统中的元水平和目标水平之间的关系,教学是元教学的载体和基础,是元教学作用的对象;元教学是对教学的监控、协调和指导。与此相对应,元教学之于教学的作用更倾向于完成元认知调控的任务。其中,元教学知识和元教学实践发挥着重要的作用。元教学知识是关于教学的教学知识,其相对于一般的教学实践知识来说,这种知识的理论性和意志性,是能够认识教学、指导教学的知识,它基于教学活动,指导教学,促进教学系统的良性循环;和元认知调控的任务相对应,元教学对教学的指导作用表现在教学过程的3个阶段:在教学开始之前,预定教学目标,明晰教学活动和内容;在教学之中,自主陈述和调节教学行为和过程,保证教学活动顺利展开;在教学之后,审视和反思教学结果和过程,形成对教学的再认知,从而获得教学智慧。

元教学过程相对元认知的不同之处在于其元化对象的特殊性,认知是个体认识客观世界的信息加工活动,其元认知的调控和实践仅针对主客之间的互动过程,相对比较简明,其所需的元认知知识倾向于心理学范畴。而教学是教师的教和学生的学所组成的一种人类特有的人才培养活动和过程,在这个过程中,教师既要通过对客观世界的认识来丰富自己的教学认知,即实践教学,又要通过主体间的相互作用促进学生的认知。相对于认知,教学本来已是一个双重认知的实现过程,但又不是元认知中所具有的超越性("我"对"我"的认知)双重认知,而是一种主体内的认知和主体间的认知,两个认知之间是一种指导关系,但不是"我"对自身的指导,它表达着一种"我"(认知)对他(认知)的指导。那么,元教学元化也必然涉及对两种认知的超越,其元化的过程必伴随着两种认知过程的发展,元化所需的知识不仅需要认识"我"以及"我"与他者互动的判断性知识,也需要能认识他者的判断性知识;其元教学的实践调控也伴随着双重的调控。

从元认知理论模型来理解,元教学就是一种在教学基础之上的超越水平,它是一种比教学水平更高的教学层次,这种层次的知识、实践调控着教学本身,指引着原本教学目标的实现。

二、元教学:在教学之中的相遇生成

从系统论来分析,教学过程是一个教学要素相互协调、互动的系统化过程,教师、学生以及教学内容相互作用而生成与发展,教学任务、过程和结果之间相互影响。任务是构成师生之间互动的桥梁,任务设计的成功与否直接决定着学生参与教学过程的兴趣、动力和效果;教学过程为师生相遇提供空间,引导师生思想碰撞与新思想的生成;教学结果反馈、检视并调节着任务与过程的执行(如图1-2所示),明确勾画出了教师、学生和教学内容、教

学结果等教学因素之间的动态发展关系①。其中,"任务提出""教学过程"和"教学结果"3个阶段构成了教学活动开展的主线,学生和教师的特点是新任务提出和设计的重要基础,影响着教学过程和教学结果的输出,同时,它们也受到了教学过程和教学结果反作用的影响,其行为、态度以及教学信念也会随着教学效度发生改变。元教学和元学习是连通教学系统循环的重要纽带,表达了教学过程中教师和学生与教学过程、师与生、生与生互动的目标和价值取向,表现了元教学与教学一起的相遇及其相互作用关系。

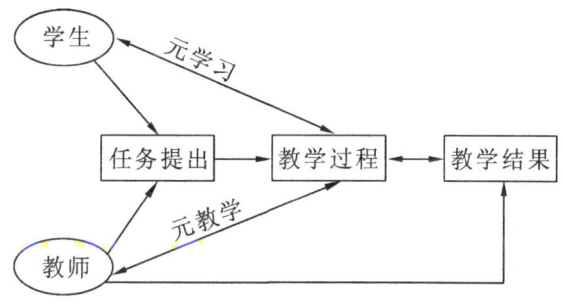

图1-2 Peter的教学模型

从教学系统互动角度出发,元教学是生成于教师和教学过程的互动过程,它不仅受前期任务设计、师生个性特征的影响,而且也会对教学预期结果发生影响和监督作用,统领着教学过程的整个进展。和元学习一起,这两个过程是有效教学的必要条件,它们调节着教学主体与教学过程之间的双向互动,使得教学过程更加具有动态性和发展性,通过调控教学过程,促进最优的教学结果实现。

首先,元教学过程审视着任务提出的合理性。任务提出具有不可逆性,在教学模型中从"任务提出"发出的箭头都是单向地指向教学过程,教师是任务的主要设计者,教师可以通过对教学过程的观察和体验,检视任务完成中的问题和困境,指导任务的顺利完成,同时也为下次任务的设计积累经验。比如,当教师在教学过程中发现任务设计过难,那他就可以通过问题指导语来逐层降低任务难度,而不是改变任务设计;在此过程中,教师的检视

---

① MORTIMORE P. Understanding pedagogy and its impact on learning [M]. ASAGE Publishing Company,1999:79.

和调节活动会不断地告诫或激励自己在任务提出中应注意的问题。

其次,元教学活动间接地引导着学生的元学习。元学习产生于学生和教学过程的互动中,学生的元学习能力影响着教学过程的实践样态,元学习实践及其思维都成为教学过程中不可忽视的影响因素。教师要实现对教学过程的有效调节,必须了解学生的元学习思维状态,通过对学生元学习思维的合理引导,促进学生在教学过程中获得疏导,达到学习思维的畅通。教师发现了任务设计中的难度,就暗示着任务解决中对学生学习能力的要求超过了学生现有的水平,学生的元学习调节也出现了问题,那么此时教师就需要诊断学生是否具有元学习的意识和能力,了解学生现需的知识和能力与已有知识和能力之间的差距何在,从而通过问题引导搭建已知和未知之间的桥梁,让学生在问题引导中学会从已知入手,学会利用已知探索未知;通过这个过程让学生解决问题,通过这种引导思路让学生认识学习、掌握学习、理解学习、反思学习。教师怎么教影响着学生如何学,如果教师在教学过程中善于利用问题串引导学生反思,那么学生也就会形成反思意识,掌握反思的技能。因此,教师的教学引导过程是对学生元学习过程的一种示范,是促进学生形成元学习意识、掌握元学习能力的重要框架。由图1-2中可见,教学过程和教学结果之间是一个双向互动的关系,也就意味着教学结果的形成包含了多重的循环反思,多重循环反思的主体是教师,而主要对象是教学结果,是通过教学过程中不断观照、调节和反思教学结果而实现的。教学结果不是单向教学过程的直接反映,是需要对过程不断地反思调节,促进其最优化展现。在此需要说明的是,最优化展现是相对于教学过程而言的,如上例,教师如果仅仅满足于任务的解决,那么这个教学结果可能只是学生对任务的解决和任务解决过程中习得的某种解决策略;如果教师在逐步深化教学过程中加入了对任务解决策略的反思分析和对任务本身的反思分析,那么学生可能获得的就是任务类的认识以及问题解决策略意识和选择能力的形成。由此可见,元教学实践过程是通过教学过程调节、影响教学结果的输出和教学效率的最优化来实现的。

最后,元教学促进教师主体的教学发展,这是元教学的最根本指向。教师审视任务设计、引导学生学习、调节教学结果的过程,最直接的指向是促进学生学习,而另一方面,这些过程的完成,需要教师不断地监控、调节、反思生成状态的教学过程,需要教师在不断理清教学任务、了解教学对象、认识教学结果的过程中调节并形成自己的教学方案和路径,因此,教师在与教学过程的互动中,教学效果不仅得到了优化,也让自己在面临教学危机的情况下,学会如何把握教学生成,学会如何教学,从而更清楚地认识自己。

从活动过程来看,元教学是和教学一起的相遇生成,它是凌驾于教学过程发生之前(任务设计)、之中和之后(教学结果产出)的一种生成性活动,有效地支配和协调着教师和教学过程之间的双向互动;引导着学生元学习意识的养成和能力的锻炼,优化着教学过程,促进着教学结果的生成实现。所谓元教学的过程生成说,就是意味着在每一次教学过程中,元教学目标都具有未知性、开放性;它取决于教学的生成状态,但是元教学的最终目标都是一致的,是为了教学和教师的发展而存在。反过来看,教学目标的达成程度受到元教学目标达成程度的影响,需要在教师元教学意识和能力的支配下,才能获得最优呈现。

三、元教学:在教学之后的自我认知

诺尔斯认为成人学习成熟的心理特征就是自我概念的形成[1],自我概念的形成是达到对某个事物认识的最高层次。米德认为自我是一种社会认知过程,主要包括"主我"和"客我",客我展现的是组织经验的需求,"主我"表达的是对组织经验进行的反应,"主我"具有自发性、能动性和创造性,表现对外部世界的进化和变迁,而客我能够帮助主体进行内在的自我调节和社会控制,使个体保持与外部秩序的一致。"客我"和"主我"相互调节和适应,在自我意识的形成中,此时的"主我",可能作为彼时的"客我",它们的存在是主体不断追求自我完善的动力[2]。由此可知,元教学是建立在主客观关系上的活动,通过主客之间互动与反思,实现对教学的自我认知。

一方面,教师自我互动是教学自我概念形成的前提。教学作为一种社会化活动,从教师和学生两个层面,分别展现了他们各自的"客我"和"主我"之间在这种社会活动中的互动和调节过程。从教师层面来看,客我首先

---

[1] 常永才.成人学习特点研究的硕果及其学术价值:对诺尔斯自我指导学习理论的评析[J].外国教育研究,2005(11):78-82.

[2] 钱扑.教育社会学的理论与实践[M].南宁:广西教育出版社,2001:247-251.

存在于教学活动开始之前,表现为适应教学有效性开展的需求,例如学生的学习需求、教学目标的定位(社会的要求)、教学环境的现状需求等因素,都会对教师的教学做条件限定和要求,而"主我"则会把这些"客我"当作思考的客体,进行能动的教学组织和设计;在教学活动过程中,"主我"通过自我的实践不断观照"客我"的实现,追求"主我"和"客我"的一致性;在教学之后,已有教学实践中表现的"主我"以及前期准备环节中的"客我",则都成为教师的个体自我反思的对象,都成为自我中的"客我",此时的"客我"相对于教学之前的"客我"已经有所区别,它表现为师生互动过程中、实践场域中对自我的需求,它需观照已有的社会需求是否达成、教师对社会需求的主动反应是否恰当、还需要做出哪些调整等问题。而"主我"则表现为我该如何应对实践中的问题、我的下一步的计划怎么才能实现教学目标等,相对于教学过程中的"主我",此时的自我对象更全面,具有系统性思维。

另一方面,教师对自我主客之间关系的认知和调整是形成教学自我概念的重要手段,主要表现为对教学活动中对"主我"能动性和"客我"限制性的认识,以及对主客之间关系的协调。具体来讲,这种教学自我概念的形成,主要通过教师对教学的自我认知(主客之间的任务性)、自我评价(主客之间的互动性)、自我监督(主客之间的协调性)等形成。首先是教师对主客对象的认知。教师应清楚地意识到"客我"的社会需求和"主我"的能动性改造作用,能够通过"客我"的感受认清教学的理想,利用"主我"的实际行动向理想的方向前行。具体来讲,就是教师对教学的认知,表现为教师能够认识和理解教学,达到对教学的自我明晰和自主表述;其次,教师对主客互动关系的自我评价。"客我"的局限性和"主我"的能动性是两者互动的前提,互动的目的在于实现社会需求和主体实践之间的平衡,互动的过程中,"主我"需要不断地对"客我"的社会性进行评价、检验"客我"的存在性和满足度;同时也把"主我"本身的实践当作对象,当作"客我"主体,评价其本身应有的能动性和创造性。在此,主客之间是一个双重的辩证关系,"主我"本身存在并观照着"客我","主我"同时成为的"客我"和主体,反身观照"主我"的目标本身需求,反映了元化的特征。具体来讲,自我评价主要是教师形成对教学的自我评价,来源于对教学结果的反思,其目的是谋求教学的发展。最后,教师要认识到这种主客相互换位的现象并能在这个过程中进行不断的协调,促进"主我""客我"达到平衡,认识到条件的限制会影响"主我"对"客我"观照的不足,或者"客我"中发现"主我"创造性的不足,在教学之后,教师需要重新把所有"主我""客我"以及期间的关系作为"客我"的主体,才能对已有的经验进行观察和反思,以及评价和调节,实现对教学过程中自我监控和调节,保证教学计划顺利执行、教学思想合理展现。

从教师教学发展之维进行思考,元教学就是教学之后的自我认知,通过自我指导的教学过程来践行,是教师在教学过程中通过"主我""客我"的教学认知以及互动,实现对教学的自我认知,开展对教学的自我评价和自我调节,在不断打破教学认知和实践平衡状态的基础上,引导教学平衡达到新的高度。事实上,正是由于实践中的主客难以达到真正的平衡,元教学才有更广阔的实践空间,从而为教学实践得以发展提供动力源泉。

第三节 元教学与相关概念辨析

元教学是在与教学、有效教学以及反思性教学等相关概念的相融、互动中形成的。一方面其与这些概念之间的紧密关系,表达着共同的教学愿景,证实了元教学之于教学存在的必要性;另一方面,其表现出区别于已有教学概念的特质,显示了其在教学论领域存在的价值意义。

一、元教学与教学

元教学与教学之间的关系就像理论与实践之间的密切结合,元教学指导着教学,为教学提供实践基础,引领教学方向,反过来教学能够检验和修正元教学的指引,在经验生成的基础上,同时凝练元教学的思想和方向,再次为有效教学提供引导,因此元教学与教学之间的良性循环也有利于教学理论与实践之间的良性运作。

教学是元教学的对象,元教学是对教学活动过程的检视和调节。其一,表现为对教学活动的自我明晰,它需要较高的理论知识,保障教学活动设计的合理性;其二,元教学表现为对教学活动的自主表述,它保障教学活动合乎理论与实践的逻辑;其三,元教学是对教学活动的自我反思,需要拥有较高的教学自觉,保障教学活动的发展性。

从层次上来看,元教学是超越教学的一种活动,是比教学更高层次的教学。元教学对教学的作用都是在元水平上实现的,和教学的要素相对应完成元教学过程,表现为监测任务、监控过程和检测结果。在此,我们可建构一个立体式的互动关系模型来解释元教学和教学之间的相互作用(如图1-3所示)。该图表明:其一,监测任务是在理解教学的基础上教师对教学任务进行分析、设计、检验,其意在促进任务设计的有效性和合理性,以推动教学过程的执行;其二,监控过程是教师对教学过程进行监查、调节和反馈,其意在保证教学过程的顺利实施和教学目标的实现;其三,检测结果是对教学结果和教学效果进行评价和反思,为之后的教学提供经验和基础。

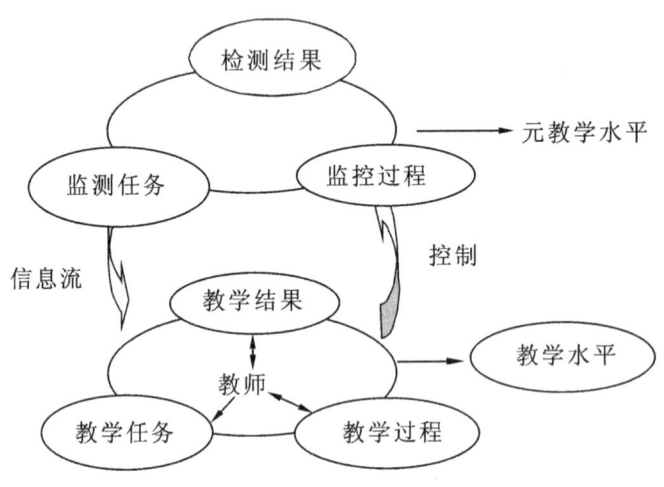

图1-3 元教学与教学的关系

从发生的时间来看,教学先于元教学,但是又同时受元教学的影响,这就陷入了"先有鸡还是先有蛋"的怪论中。因此,为了明晰元教学和教学之间发生的时间顺序,我们可以从不同层面来分析这个问题。从知识角度来分析,元教学知识和教学知识本质上是相同的,但元教学知识更侧重于理性,它相比教学知识尤其是实践性知识形成要早,例如,在一个教师成为教师之前,都要通过专业的理论学习来认识教学,这个认识教学的过程就是元教学知识的习得过程,有了这些知识,当教师走上工作岗位时,他才能据此进行教学活动设计。从行为角度来分析,元教学行动和教学行为相伴而行,并且紧随教学行为之后,发挥着对教学行为的监控和调节;从认知层面来分析,元教学表现为对教学的自我认知,只有主体经历了与外界互动的经验,他的这部分经验才能作为整体被主体认知[1],这是个体形式自我认知的前提。也就是当教师经历的教学经验,能被作为整体当作自己的认知对象,开展反省认知,才能实现对教学开展自我评价和自我认知的目的。

从元教学的展现状态来看,元教学先行于教学,它从思想和精神层面表达着对教学的向往和勾画;它能同步于教学并与教学实践融为一体、不分你我,它既表现为虚在又有实在的存在,具有虚实并存性,即虚践之虚又指向实践之实,实在引导促动着虚在的勾画,提升着实在的层次。[2] 为了对此加以更好的区别,在此把元教学中的虚在成分定义为元教学意识,把元教学的实在成分定义为元教学行动。

二、元教学与有效教学

(一)有效教学的溯源

有效教学的理论来源比较丰富,下面从不同角度分析有效教学的发展路径。

夸美纽斯的班级授课制教学规模来追求教学的有效性,强调班级集体授课,在班级规模较大的时候,教师要关注到每一位学生,这是保障教学有效性的重要条件;为了提高教学效率,夸美纽斯还提出了班级规模要尽量扩大,让更多的人分享优秀教师的经验。在班级授课制下,教师可以通过分组的形式,通过委派学生负责小组学生学习的方式帮助教师进行教学管理。夸美纽斯大班授课有效性的主要依据在于教育的社会性。一方面,教师在大班授课的状态下,看到了更多学生获得学习成果,教师的成就感更强,他们教学的兴趣增加,教学热情提高;另一方面,从学生活动状态来看,夸美纽斯所建立的班级活动,相比个别化教学,学生与学生交流的机会和频率增多,学生之间的社会化活动更加丰富,他们在这个集体中获得鼓励和帮助的概率增大,由此他们的学习效率就会得到提升。

赫尔巴特以教学过程的系统性、阶段性设计追求教学的有效性。赫尔

---

[1] 米德.心灵、自我与社会[M].赵月瑟,译.上海:上海译文出版社,1992:250.
[2] 王晓华.回到个体的哲学[M].桂林:漓江出版社,2012:37-40.

巴特将教学过程分为明了、联想、系统和方法4个阶段,其过程阶段论述中展现了教学中知识与方法、局部与整体之间的关系处理,注意到学生学习的阶段性以及阶段的衔接性,其中的教学思维旨在引导学生经历从具体到抽象、从知识到方法、从局部到整体的认知过程。赫尔巴特从教学过程的角度阐述了对教学有效性的追求,考虑到了教学层次性与发展性的融合。教学目标的达成必须经历一定的阶段,必须经历从具体到抽象的思维过程,具体是为抽象的具体,帮助学习者明晰概念之间的关系,联想也是建立在表象的基础上,属于从具体到抽象的过渡,帮助学习者建立知识之间的联系。在赫尔巴特这个过程阶段定义中,系统和方法是相对较高级的层次,并不仅仅是把"所学的知识应用到更多的情景",它指的是形成对教学内容的系统结构认识,理解教学内容所承载的方法,并能把这些方法应用于更多的情景,而不仅仅是知识情景中,所以,教学的根本目标是达成对教学内容所承载思想方法的理解。

杜威的"做中学"和布鲁纳的发现教学都是以教学方法追求教学的有效性。杜威强调为学生提供活动空间,活动内容应该是学生生活所需,这样才能激发起学生的活动兴趣,活动的主要目的是在"做"中积累活动经验,通过对经验的反思和不断改进进而解决问题、形成认知。布鲁纳的发现教学法主张要为学生学习新知提供发现、探索的空间,让学生经历发现的过程,通过自己的主动建构而形成认知。"做中学"和发现教学都植根于教学的未知性与学生的好奇心之间的联系,教学是为学生的未知服务的,而学生对于未知有一种好奇心,在教学这个既定未知的条件下,增加学生对未知的好奇心,能够有效地扩展学生最近发展区,把学生的兴趣点引导到最近发展区内,从而建立已知与未知之间的联系。因此,有效教学就是以学生的兴趣和经验为出发点,为学生提供发现和活动的空间,让学生在活动中获得经验的积累和知识的学习。

布鲁纳的认知结构理论从认知结构形成角度来评判教学结果的有效性。认知结构理论注重教学过程中知识结构的建立和认知结构的形成,认知结构是学生学习的既定目标,又是学习新知识的基础,认知结构的建立有利于学生对知识的提取和学习,是理解知识系统关系的重要纽带。认知结构理论植根于教学的发展性,认为,教学是一个长期的过程,知识的丰富和发展是不可预期的,而在阶段性的学习中,通过微观的知识建构,建立适当的认知结构,有利于学习者在知识的增长中不断学习新知识,建立新的认知结构,形成对知识体系的宏观把握。从认知结构理论的角度出发,有效教学以学生知识的建构为基础,以认知结构的形成为主要标准,以新知识与认知结构的有效联结为过程判断依据。

(二)元教学与有效教学的区别

一方面,有效教学与元教学的根本区别在于其对教学的作用途径不同。在有效教学的论证中,以教学方法、教学手段、教学目标、教学形式作为有效教学实现的依据,也就是有效教学主要依靠这些教学基本元素来实现教学的有效性。元教学对教学的作用途径,主要是通过教师对教学的认识和思考活动来作用的。元教学对教学方法、教学手段等这些要素发挥着一种监控和指导作用,相比有效教学的作用途径,其间包含有教师认识层面的知识和能力,具有间接性。另一方面,有效教学和元教学的作用目标表现有区别,从理论上分析看到,有效教学的作用目标直接指向学习,其作用的直接对象是学生,目标指向学生的学习兴趣、学习结果和学习体验,以学生获得最佳的学习状态作为判断教学有效性的依据。元教学由于直接的作用对象是教师,直接的目标表现为教师对教学的理解和认识,并没有对学生学习目标的要求,但是其根本目的是通过教师的行动改进和认识提高来促进学生的学习。

元教学与有效教学对教学的认识角度不同。有效教学是从教学本体角度对教学目的的一种追求,从字面意思来理解,有效是对教学的一种修饰语,表达的是一种教学应有的状态,它表现为一种教学形态,一种教学思维和一种教学理想或境界,无论哪个层面都指向对教学实践的描述[1];基于此,有效教学方法、有效教学策略等概念形成了有效教学体系,并且这套教学体系指向教学有效性的发展。元教学是从教师角度出发,通过教师的设计、规划、实践、调控、反思等行动,来审思教学过程,调控教学过程,最终指引着教学的有效性发展,同时也促进着教师的教学发展。从教师专业发展的角度来看,元教学对于教师的专业发展有直接的指导作用,它是通过引导教师的

---

[1] 陈晓端,张立昌.有效教学[M].北京:高等教育出版社,2015:6.

规范行动而促进教学的有效性;有效教学在于通过教学有效性目标的达成来实现教师专业的发展。

(三)元教学与有效教学的联系

有效教学是元教学的根本目标,元教学既表现为教师的一种意识状态,又能体现为教师的教学行动。从元教学的意识形态来看,它表现为教师对教学的构想、执行教学的意志以及对教学过程和教学结果的认识。构想来源于教师对教学理论的理解和实践把握,它先于实践的设计,并给设计提供了框架。意是我的生存意向,志是实现这种筹划的决心,在元教学意志中,意志表达着坚持自身设计教学的一种意向和决心,决心本身也是一种筹划,是实现某种原始筹划的筹划。[①]从这个角度来讲,意志能让教学筹划和设计得以实施,并通过适时的筹划不断调整教学本身的活动朝向合理性发展,它也为教学的有效性发展提供了决心和方向;认识是反思的基础,指引着反思的方向,教学反思本身是教学获得,从教师的行动来看,元教学的行动表现为对教学的设计、监控和反思,这些行动的直接目的在于指引教学,促进教学的有效性发展;而意志层面的行为本身会超越实践行为,其超越的根本目标仍然体现在教学上,引领着教学的实践过程。

元教学是实现有效教学的必要条件,从有效教学开展所需条件来看,有效教学开展的过程条件涉及学生的理解、教材的把握、策略的选择、环境的创设和资源的开发。[②]在 Peter 的教学模型中,这些要素都属于任务设计之前考虑的必要因素并且影响教学过程的实施,而元教学在调控教学的过程中,会进一步考察教师对这些教学要素的把握,调整这些因素在教学中的影响,进而引导教学过程顺利实施;从知识层面来看,元教学知识是关于教学知识的教学知识,它是融理论性与实践性为一体的反思性教学知识,理性的反思性知识着眼于教学理论支撑的合理性和教学实践的有效性,实践性的反思知识着眼于教学经验性知识应用的合理性,是借助于经验的经验性知识,由此可见,元教学知识监控着教学知识应用的合理性和有效性;从行为层面来看,元教学直接观照的就是教学行为,它会围绕教学行为的实践而实施一系列高层次教学行为,其目的就是要确保教学行为的有效发生和顺利

---

① 王晓华.回到个体的哲学[M].桂林:漓江出版社,2012:47.
② 陈晓端,张立昌.有效教学[M].北京:高等教育出版社,2015:43.

实施。因此,元教学是教学得以有效实施的重要保障。

元教学是实现有效教学的先决条件。课堂行为管理、教师的教学能力、教学知识面、教师的经验以及教师的表达能力等都是有效教学的先决条件。[①] 这些先决条件都以教师作为主体,也就是说有效教学的主要决定因素在于教师。要实现教学的有效性,教师拥有好的经验、能力、知识是先决条件。元教学为教师的教学知识、能力、经验的发展提供了方略,元教学知识比教学知识更丰富、更深刻,是理解教学知识的知识,元教学指引教师的教学行动,为教学能力的发展和经验的积累提供正确导向。从这个角度来看,元教学是实现有效教学先决条件的条件。

三、元教学与反思性教学

美国文化人类学家克利福德·格尔茨曾有名言:"如果你想理解一门学科是什么,你首先应该观察的,不是这门学科的理论或发现,当然更不是它的辩护士们说了些什么;你应该观察这门学科的实践者们在做些什么。"[②]对教学的考察不仅仅以教学理论中的问题为己任,而是更应将教学实践作为认识对象,经教学主体的理解与反思,建构个体的教学实践哲学。元教学与反思性教学即是教学主体表现在教学实践中的教学实践哲学,存在着普遍与特殊的关系。两者都是教师主体在教学实践中形成的教学思维,作用于教学实践的教学特殊形态,以促使教师主体发展成为研究型教师为目标,它们的终极价值关怀都在于持续提升教学实践合理性。

(一)两种不同的发展路径

1. 元教学:基于元理论研究的支撑

元教学研究的兴起、发展与元理论研究的兴起、发展,特别是与元理论研究中的元教育学研究的兴起与发展一脉相承。元理论研究是以某一理论或学科自身为研究对象的更高层次研究,意味着用一种元理论来审视另一种理论,从实质上说,元研究是一种科学研究的方法论。在西方社会科学领域,元理论研究有两种研究范式:一种是元伦理学、元哲学的研究范式,注重对自身理论做形式逻辑论证和语言分析;一种是元社会学的研究范式,注重

---

① 陈晓端,等.有效教学理念与实践[M].西安:陕西师范大学出版社,2007,239-243.
② 格尔茨.文化的解释[M].韩莉,译.南京:译林出版社,1999:6.

研究理论的产生、途径和过程,研究理论与个体、社会和文化之间的相互关系,研究理论的发展和变化规律。① 元理论研究的兴起体现了学术领域"自我意识"的萌动,都是在反省、思索理论或学科的性质、结构以及其他种种表现。另外,元理论以语言形态的理论为对象,指向现象领域的问题,是一种"超越"的视角,其对理论或者学科的反思是整体性的反思,而不是对某一具体理论内容的反思。也就是说,元理论研究需要抛开具体内容,对理论内容做形式逻辑分析。

受元理论思潮的冲击,20世纪80年代以来,我国教育界一度兴起了元研究热,元教育学由此出现。作为元理论家族中的元教育学,也同样具有元理论研究的性质,只是它不仅从语言逻辑分析中寻找教育学的认识论规范,还从研究的方法论角度,探讨教育学理论的形成与检验的认识论规范。② 在元教育理论研究的影响下,元教学的研究开始兴起。通过元教学研究,对教学实践活动自身进行反思与思索,以增强教师主体的"自我意识",提升教师在教学活动中反思的自主性。元教学仍然停留在教学论领域,其主要通过哲学反思的方式对教学本身以及教学理论与价值问题进行反思。

2. 反思性教学:基于实践哲学和批判理论

再看反思性教学的由来。把教学与反思相结合起来的先驱人物是杜威。杜威认为反思是"对任何信念或假定的知识形式,根据支持它的基础和它趋于达到的进一步结论而进行的积极的、坚持不懈的和仔细的考虑",主要有两个步骤:第一是要有得以产生思维活动的怀疑、犹豫、困惑、心灵困难的状态;第二是为了发现解决这种怀疑,消除和清除这种困惑的材料而进行的探索、搜集、探究的行为。③ 不难看出,杜威所说的反思具有三方面的特质:其一,反思既是内隐的思维活动,又是外显的探究行为。作为一种"考虑",它是内隐的;作为进行"探索、搜集、探究的行为",它是外显的。其二,反思有较强的对象性,消除困惑、解决问题、促进实践合理性是反思的目的。其三,反思需要当事者有较强的道德感和较好的意志品质,如坚强的毅力。

---

① 蒋菲.20世纪90年代我国元教学论研究的背景及其过程[J].当代教育论坛,2006(09):33-34.

② 唐莹.元教育学[M].北京:人民教育出版社,2002.

③ 杜威.我们怎样思维·经验与教育[M].姜文闵,译.北京:人民教育出版社,1991:13.

反思是一种"积极的、坚持不懈的和仔细的考虑"①。这些观点被运用在教学中,成为反思性教学中的反思必须通过教学实践检验,才能确保教学反思的进步性和合理性的理论支撑。

另外,反思性教学以批判理论为基础,强调教师主体在教学当中具备问题意识和批判思维,问题意识是反思的向导,批判思维是反思的动力。缺乏问题意识的人难以进行实践反思;缺乏批判思维,难以让反思深刻。批判理论对反思的层次要求较高,从伦理的、社会的政治角度对实践进行反思,是批判理论者对反思性教学的主张。反思性教学兼顾教学与民主、教学与生活、教学与社会等关系处理,从这些角度来理解,反思性教学已经超越了教学论领域,走向教育社会学领地。反思是一个批判、否定自己的过程,是不断在否定之否定的过程中开展矛盾互动的过程。

追随教学活动现实的思考和理想的守望,"反思性教学"在西方课程改革的推动下逐渐从理念向范式转变,形成了以埃拜模型、爱德华兹—布朗托模型、拉博斯凯模型为代表的反思性教学范式,这样使得反思性教学的实践过程不再是单纯的技术操作,理论的阐述不再是单纯的逻辑性展现,而是对教学主体和教学意义的尊重,赋予了教学者更为丰富而普遍的意义,反思性教学和教学反思两者都被融入教育教学的过程中。

(二)两种不同的研究视角

1. 元教学:关注教学本质的思考

《资治通鉴·齐明帝》提道:"夫土者,黄中之色,万物之元也。"句中的"元"指的就是事物的根源与根本。从这个意义上讲,那元教学就是关于教学的根源和本体的探讨。西方的"元"作为一种高级的逻辑形式,主要有两层含义。一层含义是指:这种逻辑形式具有超验、思辨的性质;另一层含义是指:这种新的更高一级的逻辑形式,将以一种批判的态度来审视原来学科的性质、结构和其他种种表现。② 从这个概念出发,元教学便是从教学的本体论视角,用元语言对教学进行逻辑分析,采用思辨、批判的态度,"在教学之后"反思教学实践,即省察教学自身,从而在发展教学理论的基础上修补、

---

① 熊川武.论反思性教学[J].教育研究,2002(07):12.
② 唐莹.元教育学[M].北京:人民教育出版社,2002:12-13.

完善教学实践,建构教师的教学实践哲学的过程。[①]

从元研究的性质解构元教学内涵:在研究目的上是通过语言分析和历史文化分析对现有的理论进行解构与建构;研究内容主要包括元理论、元方法、元数据研究三大领域;研究方法主要表现为运用语言分析来澄清概念,运用历史文化解释来揭示理论的产生发展逻辑,运用统计来对现有的定量研究结果进行分析。[②] 从"元"研究的框架来审视教学的"元"研究,教学的"元"理论研究主要集中在对教学实践活动的元分析上,涉及4个基本命题:教学需要什么? 教学应该是什么? 教学为什么这样? 教学应该如何? 对教学的元方法分析主要集中在元教学思想与元教学行动如何落实到教学实践中的问题上。综上,元教学就是基于元语言、元理论与元方法对教学活动进行逻辑分析,采取思辨、批判的态度,反思和省察教学实践的过程,是关于教学本质的探讨,是超越教学的教学,既是教师对教学形成科学认识的理论前提与基础,又是教师关于教学的科学认识在教学实践中的表现样态。

2. 反思性教学:解决教学主体与教学其他因素的矛盾

从哲学视域来看,反思是思维对存在的一种特殊关系。思维对存在的反思关系,从根本上说,就是思维把"思维和存在的关系"作为问题(对象)来思考。思维和存在的关系有两个维度:一是构成思想的维度,也就是思维以人的认识活动和实践活动为中介而实现的思维与存在相统一的维度;二是反思思想的维度,也就是思维以自身为中介而实现的,把"思维和存在的关系"作为"问题"而予以反思的维度。这里所讲的"问题",也就是指思维与存在的矛盾关系,问题的提问方式有:为什么思维与存在之间有矛盾? 思维与存在的矛盾关系产生过程是怎样的? 从这个意义上讲,反思性教学中的"反思"就是教学的反思维度,它以教学思维与教学实践的矛盾关系作为"问题"而予以反思,具体表现为教师主体与教学目的、教学工具等方面的关系。反思的命题涉及:教学目标为什么最终没达成? 教学活动中的教学矛盾是如何产生的,又该如何解决,教学理念与教学实践行动如何实现一致,等方面。

反思性教学是教学主体借助行动研究不断探索与解决自身和教学目的

[①] 陈晓端. 元教学研究引论[J]. 陕西师范大学学报(哲学社会科学版),2011,40(01):150-155.

[②] 胡定荣. "走进"与"走出""元教学论"[J]. 教育研究与实验,2010(04):75-79.

以及教学工具等方面的问题,将"学会教学"与"学会学习"统一起来,努力提升教学实践合理性,使自身成为学者型教师的过程。① 反思性教学是教师主体通过一定的反思性实践对一定对象进行反思以达到促进教学实践发展、实现教育目的的过程。它具有目的性、实践性、批判创造性、全面性、全程性及合作互动性等特点。② 反思性教学以探究和解决教学问题为基本点,以行动研究为主要手段,追求教和学的统一,实现教学和教师的共同发展。

基于此,反思性教学是教学的反思维度,是具备问题意识的教学主体否定、批判自己的教学,旨在处理教学实践中的教学主体与教学其他因素的矛盾关系,以提升教学实践合理性的过程,是教师主体教自己会教和自己会学,使自己成为研究型教师的过程。因此,元教学和反思性教学两者实质都是基于教学理论与实践的两种视野,或者说是教学的两种场域,从不同的视角对教学的重新审视。

(三)两种各有侧重的目标观照

1. 反思性教学:强调教学实践的合理性

教学实践合理性是反思性教学所追求的。为了达到教学实践的合理性,反思性教学分别从主体、教学目的、教学工具等方面论证了其合理性的依据。教学主体的合理性主要表现为教学主体间的协调性,教学主体的强反思意识和反思能力,教学主体在互动中平等交往的主体间行为,他们是教学主体间形成良好的交往氛围,保障教学良好环境建设的基本条件。反思性教学目的的合理性是教学主体合理性的主要体现,主要考察教学是否满足时代、社会以及教学人员的需求,是否符合客观规律,能否合理地处理与物质条件的关系等。③ 反思性教学目的合理性实践主要以教学主体对教学目的的实践转化、教学主体目的需求能量的激发、教学主体在活动中的调节等过程策略来实现,其主要依赖的是教学主体对课程、对教材、对教学实践的关注和思考。实际上,对于反思性教学目的合理性的观照,教学主体并非孤身一人,教学主体应是一个群体,主体间的互动同样也可以作为合理性关注的主要路径,这也是反思性教学与元教学的区别所在。关于反思性教学

---

① 熊川武.论反思性教学[J].教育研究,2002(07):17.
② 马颖,刘电芝."反思性教学"研究述评[J].乐山师范学院学报,2003(06):87-91.
③ 熊川武.反思性教学[M].上海:华东师范大学出版社,1999:134.

工具合理性的论证焦点之一——科学理论与人文理论的融合问题,在理论工具的应用中,要做到定量与定性兼顾、人文与科学理论并重,以避免因技术理性而导致的对价值观照的缺失;工具合理性的焦点之二是关于实践工具,包括教学内容、形式、途径、方法等的思考,目前世界各地都有丰富的实践工具为实践合理性服务,虽然工具丰富但其对真实教学环境的观照需要教学主体的判断,在国际上并没有形成一致的判断标准。关于反思性教学,有的学者认为就是其对教学的反思、对知识的反思、对教师自身的反思、对学生的反思、对教学策略的反思、对课堂教学的反思、对课后的反思等等。可以看出,这些反思性教学实际上都是狭隘的反思性教学,真正的反思性教学应该包含教学活动各组成成分的一切。

2. 元教学:聚焦教学发展的有效性

元教学追求的教学实践合理性是教学活动的计划性、过程的有效性和结果的理想性,旨在帮助学生有效学习和教师有效教学,促进教学理论的完善与发展,教学所遵循的原则同样来自教学环境、社会环境、学生心理发展规律,更多的是侧重一种教学哲学思维的建构与运用。元教学在追求教学实践合理性中注重教学理论与实践的契合,在设计、实践与反思中追求理论课程、理解课程与实践课程的契合,相对于反思性教学,更注重教学内容和教学工具的反思。其合理性判定范围从主体本身到客体的物,从次在的教师主体到他在的教学主体,从设计到实践,从实践到反思,其教学实践的合理性是在教学理性的设计、实践的操作、反思的对话以及学习中得到检验。从横向发展角度来看,教学实践的合理性,是在从理论到实践中得到检验,又从经历从实践到理性的设计中得到优化,是在与理论的对话、与课堂实践的对话、与他人的对话中得到确证;从纵向发展角度来看,教师在经历教学实践合理性检验之时,也在与他者的对话中获取新的能量和策略,应该说是在原有的实践基础上获得了发展,这一点在元教学概念的定义——"教学的教学"中体现着教师对教学的学,通过元教学过程对主体自我认知、自我监督和自我评价的关注,可以发现它的最终目的是通过教学实践合理性的追求,实现自我的价值和自我发展。反思性教学直接目的观照教学实践合理性,其在追求教学主体和谐、工具合理、目的恰当的过程中,也在引导着教师对教学的认识和改进,但这一点更多是作为一种隐性目标而存在,只能作为反思性教学的隐性目标。

(四)研究范畴的互通性

元教学体现在教师为了帮助学生发展一种使自己能够跟上时代变迁的技能而进行的教学反思和教学思维,将"学会教学"和"学会学习"结合起来,以培养教师主体元教学思想以及元教学行动的能力。元教学与传统的教学有很大的区别,它研究的范畴不在教学目标的制订、教学方法的选择以及教学评价等具体方面,而是在教学目标制订的依据与标准、教学过程的监控以及教学评价规范的建立等方面,进一步来说,它既可以回答教学是什么的问题,又可以回答为什么教学是这样的问题,其主要的目标是使教师不但会教,更会学习,进而建构教师个体的教学哲学,最终达到提升教学实践合理性的目的。

关于反思性教学的研究范畴主要有两个方面。第一,对于反思性教学概念的研究范畴主要表现在教师主体对教学过程进行批判分析,包括:主体态度与方法;从教学主体的技术有效性和社会背景道德伦理性对反思性教学进行分析;从课堂情景、课堂实践基础、道德伦理等三个方面的反思中进行分析;对教学实践合理性进行反思、分析。其实质是从教学中反思教学主体、反思教学对象、反思教学过程等不同侧面来研究、分析反思性教学。第二,对于反思性教学实践合理性的研究,主要依据社会发展性、教师专业发展,哲学、心理学、教育学、伦理学等理论的进展,为反思性教学实践提出合理性的反馈。[1]

显然,反思性教学与元教学的研究范畴具有互通性,反思性教学研究范畴是从不同侧面进行的,包括教学主体、教学对象、反思的过程、社会发展甚至伦理道德等。而元教学研究的范畴既包括这些内容,还包括对教学进行元分析,例如教师为什么选择这种教学方法而不选择那种教学方法,为什么会这样评价而不那样评价,等等。它更注重的是教师教学元思维的训练,更加注重教师教学哲学在教学实践中的运用。同时,元教学研究范畴也包括教学主体和教学对象。教师不仅是教育者也是学习者,在教学中,教师追求主体与主体间性的统一;在学习中,教师首先要有提升自己元学习能力学习的意识,即学习活动前、学习活动中、学习活动后的自我监控。

---

[1] 王萍萍.浅析反思性教学与元认知教学[J].基础教育研究,2013(06):25-26.

第二章　元教学行动结构

元操作具有虚实共存性,既包括确定元操作方向的意志,也包括设计元操作的行动,设计是元操作对原始操作的操作[①]。意志是人脑的反应控制系统,属于意识范畴。因此,元教学会涉及元教学意识和元教学行动,元教学意识指引着元教学行动的方向,元教学行动实践着元教学意志的规划,从整体互动观出发,人类的机能和个体发育是由洞察力、意图、情感和价值观指导的,个体的发展是由功能机体各个组成要素之间的相互作用而获得的。从这个角度来理解,教师的元教学形成于元教学意识和元教学行动这两个方面的相互作用之中。

第一节　元教学行动内涵

元教学是一种理论层面的关于教学的思考,落实元教学理念、发挥元教学对教学的指引功效,从而促进教学的有效性,都要从教师的具体行动中来落实,为教师的自主发展提供方案和策略,这也就是元教学行动的意义。

一、元教学行动概念

意识先于行为之前产生,行为活动是由意识主导和支配的[②];意识决定行为,并且能够在行为中不断得到发展和完善,而行为在意识的引导下也将获得提升和不断改进;行为和意识相一致,即思想与行动的统一、协调,能够使人产生安全感、舒适感、满意感,使人情绪安定;反之行为和意识不一致,那么人将会感到恐惧、矛盾、情绪不安定,从而影响行为和意识的健康发展。

[①] 王晓华.回到个体的哲学[M].桂林:漓江出版社,2012:106.
[②] 罗国杰.伦理学[M].北京:人民出版社,1989:34.

帕尔默指出,作为一名教师,如果他的行为与自己的内心完全背离了,真正的教育将不会产生。① 一名优秀的教师应该在其行为和意识之间保持一致,才能有利于自身的发展、促进优质教育的产生。

元教学行动是伴随着教师的教学行为以及教学活动的开展而发生,凌驾于教学之上,为教学服务的行动措施,这类行为能够促进教学之针对性和有效性。元教学意识是指教师能够对元教学行动通过自己的学习、分析、判断和实践体验,从而理解元教学这个概念,并能认识到元教学行动和教学发展的相关性。从元认知角度来看,所谓元教学行动即对教学行动的再认知活动,这种行动监控和调节着已有的教学行动;从 Peter 的教学模型关于元教学的认识可知,元教学行动是教师把握教学任务、实施教学过程、达到教学目标的一切手段的集合,同时这种行动的发生会对学生的元学习行动产生反射和指引作用;从诺尔斯关于成人学习的观点来看,元教学行动目标是形成关于教学的自我概念,元教学行动是认知自我、监督自我和评价自我的手段集合。总体上来讲,元教学行动是基于元教学理念下的实践行为,它能够促进元教学理念的践行,是理论转化为实践的具体表现,这种行为形成于对教学的思考中,它立足教学行为本身并超越教学行为,它属于一种高层次的教学行为。

二、元教学行动任务

元教学行动的作用等同于元认知系统中的关键行为——元认知调控,它贯串于教学活动的整个过程,监控、协调和指导教学的自觉化实施,促进教师的教学发展。因此,元教学行动比原初教学活动本身高一个层次,它能够引导教学行为合理化,促进教学行为更加有效,它能够引导教师反身理解教学、把握教学,能够为教师实践智慧的形成提供新思路和新图式,为教师专业发展提供可持续发展之动力,推动教师教学活动的良性发展以及有效教学的实现。

元教学行动是元教学能力的具体行动表现,同时又促进元教学能力形成。心理学家维果茨基认为:个体高级心理机能形成的一个突出标志是其

---

① 帕尔默.教学勇气:漫步教师心灵[M].吴国珍,余巍,等译.上海:华东师范大学出版社,2005:9.

心理活动的随意机能,也就是指个体对自己心理活动和心理过程的清醒意识,个体的心理活动是自主的和随意的,由主体按照预定的目的自觉引出。[①] 根据这一理论,个体高级心理机能的形成表现为个体对行为的自我意识、自我调节以及自觉化发展,依赖于个体对行为的"自我言语指导"向"自动化的言语指导"过渡。该理论对元教学具有重要启示,即元教学能力作为一种高级的教学能力,它用以监控、调节和指导教学获得自动化发展。在教学中,元教学能力的具体表现为:一方面,教师要对教学活动有一个清醒的意识,明确教学活动的目的和方向;另一方面,通过元教学行动,教师能够自主而自觉地调节教学过程、认识教学结果,把握教学过程的发展方向,最终能为教学发展提供服务。元教学能力的形成应建立在教师的元教学行动基础之上,它以行动锻炼能力为核心。结合元教学能力以及元教学三阶段中的监测任务、监控过程、反思结果等目标,元教学行动的目标也体现在三方面:一是对教学活动的自我明晰和自主表述;二是对教学活动的自我监控和调节;三是对教学活动的自我反思。三类元教学行动共同作用,推动元教学能力的形成。

第二节 元教学行动前提

元教学意识是元教学行动的前提,所包含的要素属于精神层面。精神具有对身体的自设计功能,人之为人就在于他能现身于一个并不实在地存在世界中去,精神之神即是虚践之虚[②],表达着对实践的构思和设计,并对实践进行指导和规划。元教学意识主要是精神对原始教学的反应,具体表现为情绪、意向、理想。

意识本身属于一种元操作,意识的内部结构是由不同的观念子系统构成的,包括知识观念、意向观念和决策观念。知识观念回答的是周围事物是些什么的观念,意向观念是意之所趋、意之所向,回答的是主观上想要些什么的观念;决策观念是用来直接调控人活动的观念,表达的是活动计划、目

---

① 申继亮,辛涛. 论教师教学监控能力提高的方法与途径[J]. 北京师范大学学报(社会科学版),1998(01):35-42.

② 王晓华. 回到个体的哲学[M]. 桂林:漓江出版社,2012:45.

的、手段的观念性抉择①。根据意识的组成结构,元教学意识也由三部分构成,即元教学认知、元教学意向和元教学决策。

一、元教学认知

元教学认知是指关于元教学知识、元教学方法以及元教学能力的认识和学习。而教学知识、教学能力和教学方法既是元教学认知的基础,又是元教学认知的主要对象。

(一)元教学知识

教师的教学知识涉及教师对一般教学法、学科内容、学生特征、学习情境、学习结果等要素的综合理解。② 教学知识构成要素涉及几个重要问题:为什么这样教?教什么?在什么环境下教?为谁而教?教的结果如何?元教学知识是教学知识的方法论基础,虽然以教学知识为基础,但又在某种程度上超越教学知识的范畴,它主要解答教学知识何以形成的问题,教的依据是否合适,教的内容是否合理,教的环境是否合适,教学的对象为何表现,教学结果如何确认和理解,等等。从两个概念的结构来看,教学知识是元教学知识的一部分,元教学知识以教学知识为核心,确证和解释着教学知识的合理性。从两个概念所表达的目标来看,教学知识的目的在于实践教学,而元教学知识的目的在于优化教学知识,达到优化教学。从两个概念所涉及的知识范畴来看,教学知识涉及更多的是教育学、心理学以及学科方法的知识,而元教学知识在教学知识范畴之上还会涉及哲学、元教育学等相关知识。

元教学知识是指关于教学和自我认知的知识,包括自我知识、策略性知识以及认识教学的知识。自我知识是作为教师知道自己在教学中的优势和不足,以及自己在教学过程中采取各种策略的知识是否合理和恰当。不仅包括对教学的自我认知,也包括对教学过程产生情感的自知,对完成教学目标与任务之间关系的感知,对师生之间的关系的感知,对个体在教学过程中情感和自我效能感的感知。策略性知识是指有关教学、学习以及相关教学

---

① 韩民青.当代哲学人类学:第2卷 人类的组合:从个体、群体到整体[M].南宁:广西人民出版社,1998:42-47.

② 朱德全,杨鸿.论教学知识[J].教育研究,2009(10):74-79.

问题解决的策略,主要涉及元认知的策略,表现为对教学过程的计划、监控和调节。认识教学的知识,主要表现在实践中对教学任务的认知,一方面会涉及教学理论的基础知识,另一方面会涉及一些情境性知识和条件性知识,这些知识储备都是为了"知道任务为何"以及"为何选择策略"。

(二)元教学能力

元教学能力是个体对自己教学活动的认知能力,是教师对自己为何教、如何教、教的结果如何、如何改进正确认识和判断的能力,涉及教学的设计、反思、评价和改进等能力要素。教学设计引导教师关注为何教、如何教的问题,引导教师用理论来解读教材、解读课程,帮助教师提前预判和构想自己的教学活动。反思和评价引导教师再认自己的教学设计和教学活动过程,解读教学过程发生的事件,解释教学目标和教学结果之间融合过程中存在的问题,为更好地改进教学提供依据。教学改进建立在理解教学、反思教学的基础上,属于核心元教学能力,改进能力的强弱在某种程度上反映了设计、反思和评价能力,又是元教学能力最终表达的落脚点。

元教学能力是控制教学行为有效性的要素之一,它既能够分析新的教学问题,选择适当的策略着手设计教学,如对正在进行的教学过程进行检查、监督和调控,在教学之前向自己和他人提问,是否理解了教学目标以及教学要素之间的关系,检查教学方法是否有效、教学结果是否能达成。元教学能力的形成以元教学知识为基础,在元教学实践中得到锻炼。元教学能力的形成与教师个体对自己的认识、对教学的认识、对教学的情感以及教学动机有重要关联。可以通过培养教师对教学的良好情感,让教师在教学中感受幸福,从而激发教师的教学动机,让教师对教学形成自觉的反思和改进;另外,从深度上让教师理解教学,在认识教学之于学生发展的意义的基础上,认识教学之于教师个体发展的价值和意义,激发教师个体对教学价值的追求。

二、元教学意向

(一)意向

意向是意之所趋,是一种趋向性观念。人们时刻都在想着什么,并且对自身以及客观事物都有一些需求,表现为主观喜欢或追求客观的一些条件。

意向解决的主要问题是"想要什么",反映了人的动机和需求。意向是实践的驱动力,没有意向,实践无从谈起。①

美国耶鲁大学的克雷顿·奥尔德弗(Clayton. Alderfer)在马斯洛需求理论的基础上提出了"存在、关系、成长"(Exist, Relation, Grow)的ERG理论。奥尔德弗认为,存在、关系和成长是人类的3个核心需求。存在包括物质和精神两种状态,物质存在是靠生存的基本物质条件获得保障的,精神存在依赖生存的文化环境,是人在生存环境中的一种自我感受,它包括了马斯洛的生理需求和安全需求;关系需求是指个体对保持重要人际关系的需求,与马斯洛的归属与爱的需求和尊重的需求相对应;而成长需求是指个体寻求发展的内在渴望,它与马斯洛的认知需求、审美需求、自我实现的需求和超越的需求相对应。②

需求是人类行为动机的起点,动机是引起和维持个体活动并使活动朝某一目标进行的内在动力。动机是行为的直接动力。需要是行为的动力源泉,但还不是直接动力,需要只有转化为动机之后才能直接推动行为。动机的形成需要具备两个条件:一是需要。需要是动机形成的内在基础,人的动机是在需要的基础上形成的。但需要转化为动机是有条件的,如果某种需要处于满足状态,人就不会有动机产生;如果需要离现实太遥远,动机形成的可能性就比较小,产生的强度也会比较小。二是诱因。诱因是动机形成的外部条件,诱因是指能满足个体需要的外部刺激物,它使个体的需要指向具体的对象,从而引发个体的活动。如果没有美食的刺激,人类对其也不会有高的需求,他们就会失去对相关物质条件追求的动力;而相反有了美食刺激,就能够引起人的欲望,从而才会形成追求美食的动机。

动机是作为行动的驱动力,不是生理上的冲动,而是一种观念上的追求。无论是动机的形成还是动机的参与行动,都离不开思维活动,离不开形象、概念、判断、推理等观念形态上的活动,无论如何它都是一种理性思维意识活动而非实践活动。动机对于个体的发展具有激活、指向、维持和调整的

---

① 韩民青.当代哲学人类学:第2卷 人类的组合:从个体、群体到整体[M].南宁:广西人民出版社,1998:45.
② 赵芳.小组社会工作:理论与技术[M].上海:华东理工大学出版社,2015:28.

功能。动机是保障生命活力、维持生命活动的重要元素①,没有动机,人类活动可能就是机械的、缺乏活性的;动机让人的发展更具有目标性和引导性,并且这种目标的实现会促进动机的不断深化,进而通过提升动机需求目标让个体探寻更好的自己。因此,动机对于个体的发展具有重要的推动作用。

(二)元教学意向

意向观念表达了动机和需求,元教学意向主要表达教师对元教学的动机和需求。元教学需求同样是产生元教学动机的内在动力。那么,元教学需求是什么?结合元教学目标,从需求的3个层次上来看,存在需求在此不是个体生物生命的存在,而是指向一种作为元教学主体的价值存在,是元教学主体要如何才能作为存在者而存在于教学体系之内,那就是教师个体对于教学价值的体现,在教师个体能够机智有效地开展教学并取得较好的成效之时,教师作为教学的存在者而存在。因此,所有有关教师需求的知识、能力和素养都是成就教师存在的基础。只有当教师感到自己或者被别人认为缺少了其中的一些基础之后,当教学效果不那么理想之时,教师才会有存在的需求。

在元教学中同样存在关系需求,这种关系主要存在于教师和学生之间,教师的过去、当下与教师未来之间,教师与同行之间、教师与专家之间的关系,既有纵向关系,又有横向个体之内的对比关系存在。元教学的关系需求主体仍然是教师,作为教师,师生之间的关系需求当然是融洽的、和谐的,这样的氛围会让教师在感受良好师生关系中对自己、对学生形成认同感,从而激发他的教学动机和热情。教师与同行、与专家之间关系的需求诱因在于教学的复杂性和问题性存在时,教师不能以一己之力来解决问题,他需要借助他人的经验或力量获得方法。在元教学关系中,教师本身的内在关系,元教学意识与行动,教师过去、现在与未来之间的关系才是最关键的。意识与行动的一致性会增加教学自信,反之,意识与行动之间的偏离会使教师陷入矛盾,有矛盾就会有关系调和的需求;教师对3个时态关系的认识是产生需求的基础,过去是现在的基础,但绝不是永久的过去;现在是未来的准备,未来依赖于现在和过去的分析,未来需要在过去的基础上更新,未来要比过去

---

① 唐龙云.心理学基础[M].杭州:浙江大学出版社,2015:90.

和现在更优秀。认识过去、现在和未来之间的辩证发展关系是需求产生的出发点。元教学发展需求是在存在需求和关系需求基础上形成的。元教学发展需求的目标导向是受到元教学实践有效性的影响,受到教师对元教学之于教学有效性的认可状态的影响。

元教学意向来自教师个体对教学以及元教学关系的认知,需要移情他人的元教学情感,在间接的元教学体验基础上才能够得到强化。因为情感不同于认知,认知可以通过推荐和自我在教学中的学习和反思来获得,而情感需要行为的支撑。没有行为的活动,情感无从生成;没有元教学的行为活动,元教学情感没有生成之源。情感需要体验来生成,元教学体验是元教学情感生成的重要途径。元教学情感是元教学认知和行动的助力剂,积极的情感意向能够有效地引导元教学能力得到锻炼。

元教学体验是伴随着教学活动的发生而形成的,虽然元教学是一种教师自己教自己教学的方式,而要形成元教学体验,需要依赖外力的引导和推荐,有意识地让教师把元教学涉及的一些知识、行为和方法践行到自己的教学中,体悟其对自我、对教学的作用。元教学认知是元教学体验的前提,元教学方法是元教学体验的方法。体验的动力首先来源于他我之间的互动中,是在间接的他我互动中形成的,需要由间接的元教学情感激发获得体验的动力。元教学体验有几种形式:一种是短暂的间接体验,是教师通过他人(元教学凸显者)的引导而形成的元认知体验,这种体验具有间接性、短暂性特征,在教师教育过程中,需要及时地引导教师把这种间接的体验转化成直接的体验,把这种短暂的体验内化到教师自己的日常行为中;第二种是持续的长时间的体验,这种体验来自教师个体,是生成元教学情感的重要支柱,在这种体验中,教师能够逐渐地意识到元教学之于教学和个体发展的作用,进而形成稳定的元教学情感和能力。

总之,元教学意向是教师个体对元教学的态度以及价值观的集中反映,对元教学活动发挥着驱动作用,离开元教学意向这个驱动力,元教学实践无从谈起。根据元教学的目标以及需求状态分析,元教学意向可以从3个方面去认知:其一,认可元教学之于教学的有效性,在行动中能够用元教学的知识和方法监控和调节自己的教学行为,构建良好的教学氛围,实现对教学的有效引导;其二,有意愿树立元教学理念并坚持执行,能够积极地积累元教学知识、践行元教学方法;其三,能够认识到元教学之于个体发展的重要性,能够把元教学行为纳入自己的日常行为中,通过设计、反思、评价和改进等活动的日常操作,优化自己的教学,更好地认识自己和发展自己。

三、元教学决策

(一)决策及其影响因素

决策是认知历程的整体表现,可以展现人的智慧与问题解决能力,外在各种动态变化的环境与内在认知都会影响决策的走向。决策是在众多可行性中选择较满意的方式,甚至有时候是在稳定的情景里,希望创造一些未来性。人们在决策的时候,经常需要充分地评估各种情况,充分考虑一些基础条件:一是完全知道所有的情况并能预知未来的结果;二是可以精准地估计成功的概率;三是决策者完全根据数据分析做出判断。现实情况下,往往人们是难以达成这些决策的基本条件的,即使决策者能够进行概率分析,也未能像实验室那样进行随机抽样,而且往往现实需要决策的时候时间都比较紧张,没有足够的实践让决策者进行分析和估计,因此决策者一般都是采用排序法、删除法来完成。

影响决策的主要因素体现在6个方面[1]:其一是决策者的目标偏好,决策者对于目标达成是需要完全吻合还是部分吻合,在多大概率上吻合;其二是事物存在的因果关系,事情发展的历程,有助于掌握整体的信息,进行推理和选择;其三是时间压力,决策等待的时间长短会影响决策者的推理品质;其四是外在环境对决策效应的期待,在开放的环境中,决策者比较自由,容易产生创新的想法,外部人或物对决策效应的偏好,影响决策的方向;其五是信息的掌握程度,信息掌握程度是帮助决策者进行判断推理的基本前提,信息全面时决策就具有全局观念,信息片面时则会影响决策的执行力;其六是决策者的特质,敢于冒险的人决策就比较具有挑战性,保守的人决策就会多一些规范。

由决策的影响因素可知,决策通常是在不确定的条件下开展的,其无法做到完全理性。下面根据谢架恩提出的决策方法,融合教师学习和教学问

---

[1] 谢架恩.认知心理学[M].台北:易博士文化,城邦文化出版,2015:181.

题介绍一些常用的决策方法。

1. 概率法

计算出各种方案的达成率与期望值,选出最佳的方式。例如在教学手段选择时,通常有80%的教师会在课堂中选择使用多媒体技术,因为多媒体技术对这堂课的贡献率能达到80%以上,于是就决定这节课程选择多媒体技术来帮助教学。

2. 决策树

把与问题相关的因素,以树状图的方式画出主干与枝权,将有助于掌握因果关系的全貌,进而有利于做出判断。

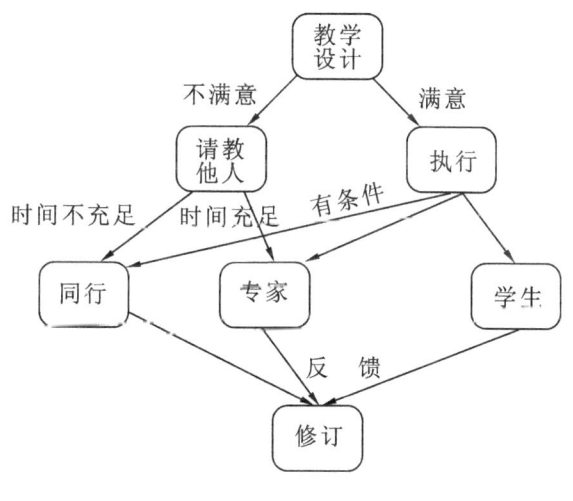

图 2-1　决策树

3. 创意联想

主要是用群体讨论的方式解构创意,综合分析而形成有突破性的方案。

4. 经验判断

依据经验丰富者的观察与分析所做的决策。例如在教学中,经常有新手教师会向老教师学习教学经验,根据老教师的经验判断来决策自己的教学。

5. 知识判断

由相关专业知识的专家,针对专门的问题所做的决策。

6. 关键因素

找出影响决策的关键问题,依次形成解决方案。

7. 问题取向

利用假设、归纳、演绎的方式,对待解决的问题进行讨论,做出决策。

8. 定锚调整

以某个参考值为起点,再以这个参考值修正和调整。

(二)元教学决策

元教学决策反映对元教学活动状态的调节和反馈,是对元教学过程中的计划、目的和手段进行抉择的方法。在教学的设计、监控和反思3个过程中,元教学决策所用的方法以及知识都不尽相同,它们都属于元教学决策范畴。

在教学设计的决策中,教师的经验丰富程度、教师对教学知识的理解程度以及教师对教学的期望和学生本身的特征等都会影响教师教学设计决策。一方面,指向学习者的教学设计方法,关注学生对教学材料的熟知程度、学生对教学方法的接受程度、学生对已有的知识的掌握程度;另一方面,指向教学目标的教学设计方法,关注课程目标的需求、教材设计的理念与方式。而在实际教学中,教师一般会融合两种方法进行教学设计,但是在侧重点上会有所不同,年轻的教师更拘泥于教材,经验丰富的教师对两种取向融合度更高。对于年轻教师来说,教学设计决策偏重于知识判断,这种知识判断不是依赖其他专家,而主要是依赖于自己对课程理论与教学设计知识的掌握程度,尤其是刚进入工作岗位的教师,会根据自己所学的知识严格按照教学设计的基本规范和要求,以具体的模板为例来进行教学设计决策,属于知识判断与定锚调整融合的决策方式。这里的"锚"就是他人的设计模板,锚的作用在于给新教师提供一个参考范例和标准,帮助他们把理论转化为实践知识。

教学监控的决策用以解决教学过程中的问题,引导教学的顺利展开。一般教学监控需要考虑学生的注意力、教学设计的适应性、教学环境的变化以及教师的体验等因素。问题取向的决策方法会以教学中的要素变化为问题导向来进行决策。当教师需要查看学生学习的整体状态时,他会在课堂中采用扫视的方法。扫视的任务性表现较弱,目光迅速向四周移动掠过,具有时间短、结果模糊的特征,教师在上课前的扫视是为了查看学生是否都在、学习状态如何;在课中,教师的扫视是为了查看了解学生学习的整体状态,以便快速地获取相关特殊的学习信息。当教师需要提醒学生注意或者关注某个学生时,注视的方法效果最好,注视是将眼睛的中央窝对准某一个客体[①],注视的时间不确定,教师在课堂中注视的目的不同,所伴随的眼动特征也就不同。当教师的注视正在关注某个学生并且对其有积极的期待时,眼睛会由于时间较长的疲劳发生微微的震颤;当教师注视某个学生是为了提醒或引起其注意时,眼睛会通过跳动观照周围学生的课堂状态。眼球跳动的功能是改变注视点,使下一个注视的内容落到视网膜能够察觉的区域,跳视是课堂中的重要调控方法,教师在课堂中的注视点需要根据教学内容、学生、教学环境等的变化进行调整,由于眼睛对于每一个点的关注时间较短,所以就形成了跳动。正是因为眼睛不断地跳动于教学各要素中,所以教师才能既关注教学内容和教学环境的呈现,又关注学生的学习状态,同时达到对教学过程的监督和调整。

元教学的反思对象是一种结果性的反思,其反思的目标在于改进教学问题、获得教学发展。反思决策观念需要教学主体具有坚强的意志支撑,并且有目的和需求作为导向。这是因为反思对于正常教学并不是必需的环节,它是作为教学发展而被要求的,因此并不会自觉体现在教师的日常教学中。反思过程可能出现由于教学结果不理想、教学方法失误、教学过程断裂而导致教师对自身教学能力的怀疑或者丧失教学热情的时候,因此反思者在决策中需要有坚强的意志和勇于挑战自己的决心,需要有良好的教学意志品质作为保障。元教学反思涉及的关键要素有课堂活动、学生情况、教学发展目标,其中教学发展目标是反思的目标追求;学生情况反映了课堂活动的结果,主要表现有学生作业、学生学习效应等,这3个关键要素可以总结为过程、结果和目标,反思就在于发现过程与结果、结果与预期目标、过程与预期目标之间的吻合度以及可提升空间。根据元教学反思的关键要素,可以把元教学反思的决策分为:记录总结法(结果)、教学过程分析法(过程)和学习研究法(目标),这3种方法在元教学反思范畴之内是相互作用、相互补充的。但是在一般的教学中,教师会根据自己的目的和需求来选择相应

---

① 阎国利.眼动分析法在心理学研究中的应用[M].天津:天津教育出版社,1998:5.

的方法。记录总结法是教师对自己教学的整个过程进行摘要记录并进行课后反思总结的方法,这种方法主要依赖教师对课堂的当时感受以及后期回顾而形成的反思。教学过程分析法借助于教学过程的实际录像,教师不仅可以看到自己的形象,也可以仔细观察学生在教学过程中的反应细节。这种反思的对象比较完整,能够让教师直接地再次体验教学的整个过程,对自己、对学生、对教学设计进行再次深度的反观和思考。学习研究法是为教师提供标准和模板的重要活动,为过程分析和记录总结这两个方法提供理论依据和树立理性目标,但是这种方法的效应要迟缓,主要发生在教师日常的教学学习当中,其中的教学学习包括同事之间的学习、独立学习以及专业的集体学习,这种方法能让教师借助在学习中获取的理论或实践知识检视自己的课堂教学,并对其进行分析和反思。

元教学认知、元教学意向和元教学决策三者相互依存、相互作用。没有认知,意向和决策根本不可能产生;没有意向,元教学活动失去动力,认知和决策无从生成;没有决策,元教学活动无法实现,认知和意向也无法形成。另外,元教学认知、元教学意向和元教学决策三者之间是相互渗透和相互转换的,元教学认知是元教学意向和决策形成的原材料,意向参与决策的形成过程,并形成一定的决策力,而决策调节元教学认知活动,帮助实现元教学认知和意向的转化发展,促进着元教学实践行动的完成。

第三节　元教学行动框架

元教学行动伴随着教师的教学行为以及教学活动的开展而发生,并且随着教学任务的变化,其目的、任务和手段也会显示出阶段性的差异。从教师自我发展的角度考虑,元教学行动样态体现在教师的教学思考以及建立在此基础上的教学行动改进中,主要通过回忆过去、把握现在、展望未来这3种行动来实现。从教师教学行为发生和发展的过程考虑,元教学行动镶嵌于教学活动的全程中,在教学活动的前位、中位与后位分别涉及教师理解教学、监控教学、反思教学的行动。本研究主要根据后者来研究教师的元教学行动及其表现。从已有研究和实际行动中来看,制订教学大纲、教学设计、说课、教学预演、教学反思、学习和研究等都属于重要的元教学行动样态,其主要目的都是为了更好地理解教学、认识教学和提高教学,图 2-2 是根据元教学行动的目标和任务建构的元教学行动基本框架。

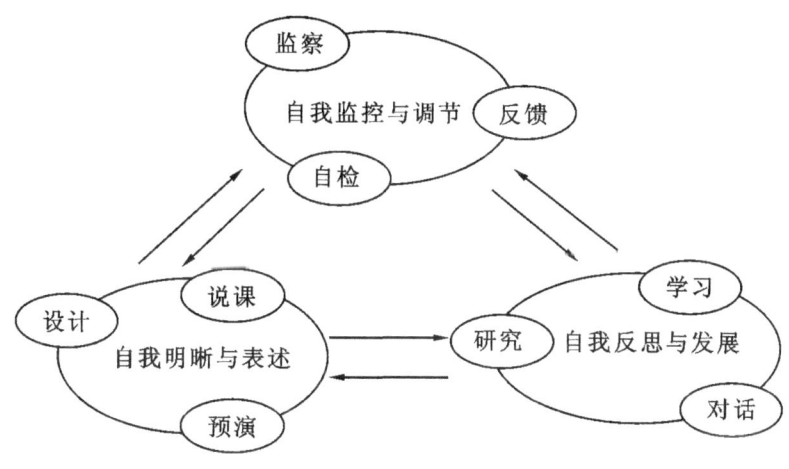

图 2-2 元教学行动框架

一、教学前的元教学行动表现

元教学首先是要思考教学如何表达、达到对教学自我明晰,制订教学大纲、教学设计,说课和预演是教学之前开展元教学行动的主要手段,也是元教学行动的具体样态,通过适当地制订教学大纲、开展教学设计、说课和预演等行动,都能够在一定程度上促进教师对教学的深度理解,促进教师对教学达到自我明晰及开展自主表述。

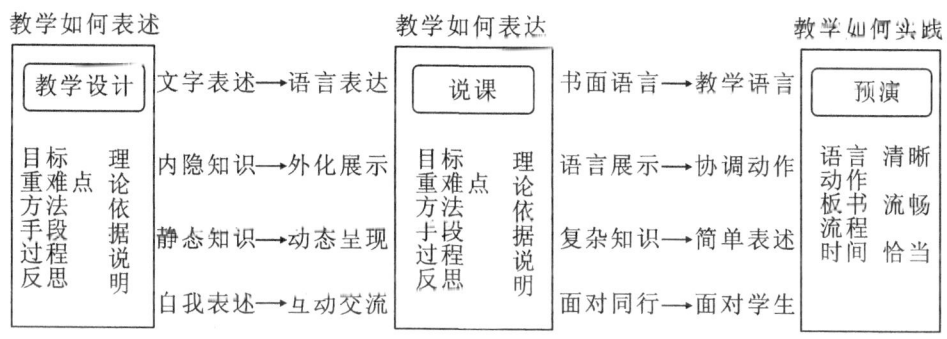

图 2-3 教学之前的行动关系图

制订教学大纲,让教师提前考虑目标的设定、内容的安排、方法的选择、评价的确定等方面的合理性,大纲的确定能够为教案设计和教学活动设计提供依据,是保障教学有效性的重要参照。然而在实践教学中,中小学教师的大纲主要来源于教育部统一编制的课程标准,是已经确定好的材料,自己只需要学习和吃透即可,这种方法虽然减轻了教师的负担,但是却剥夺了教师的自主教学权利。事实上,教师自己制订教学大纲的过程是一个对教学内容、所教学生、教学环境的考察和熟悉的过程,教师制作出的大纲虽没有专家的成熟,但却能够锻炼教师,最终制作出适合自己的、适合自己学生的合理的教学大纲,不但能够促进教学之有效性,也能促进教师的成长。

(一)教学设计

教学设计是教学表达的第一个环节,主要思考的问题是"教学如何表达"。首先,教学设计是表达教师隐性教学知识的一个重要载体,内隐着教学的理论知识和实践知识,通过教学设计能够体现教师对教学知识的理解,实现对教学知识的表达,教师通过利用自己的教学知识开展分析教学目标、分析学习任务、设计教学过程、选择教学技能、设计教学媒体、设计课堂环境、设计评价方案等活动,它既是教学的一个重要环节,也是一项复杂的教学技术。其次,教学设计主要以文字为载体,是通过文字描述教学内容、教学对象、教学环境等因素的理性分析和实践预设过程,实现对教学的语言表达,完成从内隐知识到外显教学知识的转化。再次,教学设计中教学能力的表达难以体现教学的动态过程,主要通过静态的内容组织来呈现教学过程,用静态的方式呈现教学内容、教学方法、教学手段等要素及其关系。最后,教学设计体现着教师对教学的自我表述,表达着教师对教学的一种独特的理解,它是通过教师对教学理论和实践的梳理与分析,通过实践预设和详细的教学计划安排、理清教学思路,进一步明晰教学需要以便为教学实践做准备,为而实现教学顺利实施提供保障。

(二)说课

说课是教师针对某个教学内容,系统地叙述自己对教学内容的理解和教学设计的思路,阐述自己准备采用什么教学方法、策略,如何突破重点、化解难点,解释预期目标及理论依据的活动。说课的载体是教学设计,但是相比于教学设计而具有动态生动性,它能够有效地通过口语,传递书面语言难以表达的思想或者方法,通过声音和画面协调的立体方式传递教学设计的思想。从他者的角度来看,说课具体、形象,容易交流。从教师自身发展来看,说课是交流,是发展,是提高,说课过程是教师把教学设计的理性资料进行实践显性的转化过程,是把书面的资料转化为口语资料的过程,是教学思想显性化的传递过程,把静态的文本转化为动态的知识展示和说明,也是说课者对教学思想理解和再认的过程。这些过程能锻炼教师的语言转化能力、口语表达能力、思想表现能力以及对教学设计的理解能力,而这些能力恰是教学所必需,是保障教学有效性的重要条件。

相对于教学设计,说课在教学表达形式上也同样有4个转化:其一,它把隐性的教学知识转化成语言表达,把文字语言转化成书面的声音符号,对教学过程进行解释和说明,实现教学知识的视听结合;其二,在说课中,可以部分实现静态的教学过程呈现动态化,使得教学程序进一步明晰化、教学内容之间的动态关系明朗、教学方法的具体操作清晰可见;其三,说课中,隐性教学知识——尤其是那些未能充分用文字表述出来的理论知识,可得到外化展示,教师通过说理和语音解说,解读教学设计,解释教学过程,解析教学内容;其四,在说课中,教师开始从自我表述到向他表述的转化,通过对他人进行说理解释,全面表达教学过程,他们可在表述和交流的过程中,确认自我表述的合理性,也可进一步在同行中实现教学设计合理性的论证。

(三)预演

预演则是让教学活动过程显性化,具体操作"教学如何实践",是上课之前的一种模拟训练。通过把教学设计的过程以实战的状态进行演讲试练,从而使教师进一步熟悉教学设计的流程,并能对教学设计中的问题进行及时修正。如果说教学设计是纸上谈兵,那么预演就是进行沙场演练,它对于实际的课堂教学有效性具有重要指导作用。

首先,教学预演的对象发生了变化,前面设计和说课都是在同行中开展的,而预演是为教学实际行动做准备,预演的话语环境要从同行转换到学生群体。其次,预演是书面语言向教学语言转化的过程,同时这个过程也属于一个从复杂理论知识到简单的内容知识的转化过程。教学设计提供的是教材中所使用的文字书面语言,说课提供的是解释教学设计的语音书面用语,而教学中的语言表述必须充分考虑学生的实际需求,这就需要教学语言转化策略。面对群体发生改变,语言环境必然要随之发生变化,此时教师的语言更多的是教学语言,它具有通俗、易懂、形象、生动的特征,是一种经过从科学、书面的语言转化为学生生活和教学用语混合的语言。通过教学预演,语言的转化就得以实现,教师可以进一步确认教学环节设计的合理性;再次,预演是一个从语言展示到动作协调的过程,预演包括对教学动作的演练,教学不仅仅有口语交流,也有肢体情感的交流。肢体语言,从面部到腿部,从眼神到表情,教师的每个肢体动作对学生来说都传递着一种信号,例如凝视代表着期待,微笑代表着赞许,等等。肢体语言的和谐能让学生在学习中感受到教师的肢体语言之美,肢体语言的隐性寓意更能让学生领悟到肢体语言之妙。最后,教学预演需要对教学内容展示的部分进行布局和整体设计,需要教师根据场景需求,安排好展示内容格局,选择展示的主要信息,以便于学生在学习中能够有效地发现和识别。总之,教学预演的主要任务就是通过组织教学用语、协调肢体语言、设计教学内容展示布局、把控教学时间等活动,在教学设计与教学实践之间搭建桥梁,保障教学的顺利实施。

二、教学中的元教学行动表现

监控教学过程是教师借助教学监控能力对教学执行过程的把握,是教师对自己实际教学活动进行有意识的监察、评价和反馈[1]的过程。在教学中,教师的监控倾向于自我监控,对自身行为与思想言语的控制,主要发挥着发动和制止的作用,通过支配某一行为,抑制与该行为无关或有碍该行为进行的行为,进行自我认知、自我体验的训练,目的是进行自我监控,调节自己的行为,使行为符合教学规范,通过自我监控调节自己的认识活动,推动教学的有效进行。这个过程需要教师拥有及时评价、现场评价等评价技能,依赖于教学机制的发挥。教师的监控行为主要表现为:他们是否能在教学过程中评估自己的教学效果,是否能够意识到语言使用的合理与正确,是否对学生的反应进行合理的评估和反馈,能否根据教学过程进展调控自己的教学行为,等等。监控的自觉化引导教师时刻关注课堂生成并灵活调整教

---

[1] 申继亮,辛涛. 论教师教学监控能力提高的方法与途径[J]. 北京师范大学学报(社会科学版),1998(01):35-42.

学方案。监控的有效性引导课堂达到预定目标,保证教学顺利实施;监控和调节过程主要依赖于教学过程中的监察、自检和反馈(如图2-4所示)。

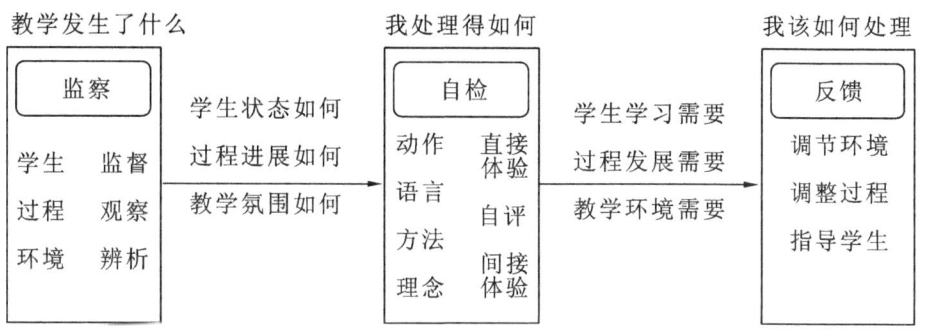

图2-4 教学之中的元行动关系图

（一）监察

监察是教师对教学对象、教学过程以及环境的一种观察和监督。由于教师教学的过程是在一个公开的场合,学生、教学环境以及教学过程因素都会参与其中,这就使得教师的自我监控不仅仅是个体内的自我监控,而涉及对教学各个要素的监控(在此称之为监察,其具有对象性,监察的对象是教学中涉及的要素)。监察是教师特有的自我监控行为,并且是教师实行自我监控的前提条件。

监察的主要任务是了解"教学过程发生了什么",学生的状态如何,过程进展如何,教学氛围如何,通过监察学生在课堂中参与、交往、思维及情绪状态,可以了解。教学对象的反应、需求和变化,及时注意学生的学习状态,并灵活调整教学思路,发现学生学习问题并及时进行纠正和引导,为实现评估和反馈提供依据。在监察中,教师要关注教学流程、教学手段、教学方法的使用,为协调教学设计与实际,解决教学预设与教学生成之间的矛盾提供重要信息。另外,教学环境的监察与教学对象的监察同等重要,并且相辅相成,外部的物质环境不仅会形成对教学的物质影响,而且会产生心理影响——影响学生的最终学习效果。因此,监察教室情景、师生互动过程,为创建积极的教学氛围提供信息,是保证教学顺利开展、学生学习无阻的重要前提。

在教学过程中,监察的主要来源是视、听两种渠道——视觉上的观察和听觉上洞察,两者互相补充。观是观览,察是辨析。观察就是既看又想,由事物表面深入底里,最终察知被表面所掩藏的事物本质。① 课堂中的观察称为监察,主要是这种观察需要发挥其监督的功效,一般通过教师的环视、扫视和注视等行为收集学生的课堂状态,结合听到的声音,进行大脑后台的分析和辨析。但这些行为同时也是教师进行课堂监督和调节的依据。由于课堂时间的局限,教师的这种观察行为不能像研究方法那样细致入微,经常是一种自动化的及时动作,所观察到的现象经常是作为新的刺激被分配到大脑已有的教学认知板块,进行自动化的检验和辨析。

(二) 自检

自检是教师的自我监察与评估。自我监控经常和目标设定与自我评鉴结合②。使用自我评估的个体,通常会将自己的表现与预先设定的目标或标准相比较,选择具有教学意义的目标,自我监控自己的工作表现,以及自我评估其表现是否达到自己设定的目标。在此需要说明的是,上文的监察主要是针对他者的行为,目的在于为自己的监察判断提供依据。此处的监察和自我评估是在教学中同时进行的,却不失内在的先后逻辑,先监察后评估,监察是整体上收集和分析资料,而评估是用已有的标准比照分析的结果,判断监察获取的教学状态是否达到了教学预期。

教师自检主要目的是明晰教学过程中"我处理得如何",根据自检信息来源,教师自检可以分为直接体验和间接体验。自检信息来源于他者,是通过他者反馈的教学信息而形成的一种检测行为,属于间接体验;自检信息来源于自身在场的感受则属于直接体验,包括对自身行为和语言表现的监察,如语言表达流畅、主题鲜明、逻辑清晰,行为举止得体,以及对自己作用于教学的理念、方法以及相关策略的监察。通常情况下,教师语言行为是教学理念方法的外在表现,两者在教师的课堂表现中融为一体,有利于自检的操作和实施。

根据自检发生的时间,教师自检可以分为当场体验和课后体验。教师自检一方面依赖于自己当场的教学体验,例如师生关系、教学气氛、教学内

---

① 贾宝泉.散文谈艺录[M].天津:百花文艺出版社,2013:28.
② COOPER, HERON, HEWARD.应用行为分析[M].美国展望教育中心,译.2版.武汉:武汉大学出版社,2012:632.

容所承载的思想方法等都是自检体验的来源；另一方面教师自检来源于学生体验之后的教师感受，这种感受是在获取学生的学习体验、学习成果之后而形成的，虽是对教学表达的间接体验，却是重要的体验和自检的依据。无论是哪种自检方式，其主要目的是促动教师在教学过程中不断地反思自己的言行举止，引导学生的学习方向、学习情感以及学习行为向积极方向变化，调节教学的方向。

（三）反馈

反馈是控制论中的一个极为重要的概念，又称"回输""回援"。反馈就是控制系统把信息输送出去，又把其作用结果返送回来，对信息的再输出发生影响，起到控制作用，以达到预定的目的。凡使作用的结果越来越放大的，叫作正反馈；凡使作用的结果越来越小的，叫作负反馈。[1] 一般来讲，负反馈有利于控制，负反馈具备两个条件：一是系统一旦出现目标差，便自动出现某种减少目标差的反应；二是减少目标差的调节要一次一次地发挥作用，使得对目标的逼近能积累起来。这两个条件如果不完全满足，就不能算完善的负反馈调节。[2] 教师在教学中也是利用负反馈来扩大自己的控制能力的。教师在向学生传递各种信息的同时，必须同时获取学生接受知识情况的信息，用以调节自己的教学行为，使之与学生的学习需求相接近。由此可见，在负反馈调节中，监察和自检为反馈提供了调节目标，是逐步缩小目标差的基础条件。在此需要说明的一点是，此处的教学反馈强调的是控制论概念中的后半部分，也就是把收集的信息经过加工后再输出出去，是监察和自检行为的实际外化，实施着监察和自检之后的行为方向，是教师对教学过程监控调节的直接手段。

课堂中实施反馈，可以通过语言、动作、表情3种外显的行为来体现。根据教师监察的对象，反馈的对象也包含3个方面：一是对教学环境，即物理环境和心理环境的反馈。物理环境的调节可以通过教室中温度、亮度、桌椅摆放、空间布局的微调来完成；心理环境的反馈是在教学气氛热烈以及冷淡的情境下所做的一种调节，教师可以通过语气、语调、语态的变化来反馈和控制课堂气氛，例如当教学气氛太过于热烈，教师需要学生冷静之时，可

---

[1] 蔡德麟.马克思主义哲学[M].福州：福建科学技术出版社，1988：249.
[2] 金观涛，华国凡.控制论和科学方法论[M].北京：科学普及出版社，1983：26.

以将语气变得严肃。二是对教学过程的反馈和控制。教学过程会出现一些过程受阻、时间矛盾等现象,主要的反馈调节方式就是在充分考虑时间的基础上,对于重点问题、突出问题要集中解决并暂缓教学进程,而对个别问题则要及时解决,对教学意外而非重点问题可采取搁置或机智忽略。三是针对学生的反馈——这种反馈行为一般在课堂具有显性化特征,教师可通过讲述、对学生问题进行指导等方式引导其反馈的方向,通过从知识、技能、方法,以及对学生态度、情感、价值观等方面的调节,促使反馈发挥对学生学习的更正、安慰、引导、提示、激励、改进等功效。

三、教学后的元教学行动表现

教学之后的反思是推动教学深度反思、让教学走向有效、推动教学系统的良性循环的重要环节。开展对话、学习和研究,是在教学之后进行教学反思和改进的重要行动。

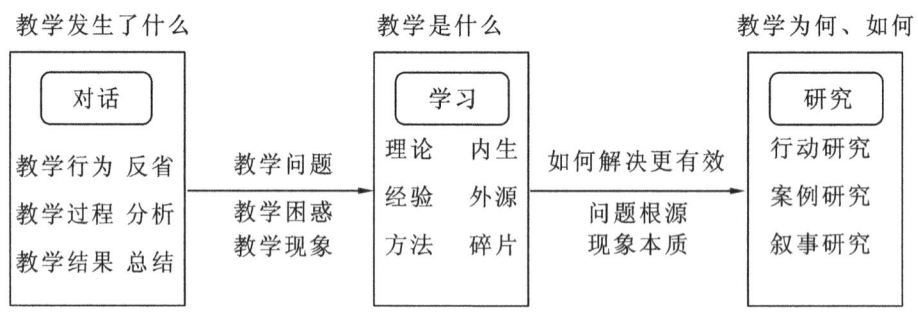

图2-5 教学之后的行动关系图

（一）对话

对话发生在"我""你"关系之中,这里的"你"不仅指普通意义上的不同于"我"的另外一个人,也代表我的过去或者未来,为了更好地加以区别,也可以使用米德的"主我""客我"来进行定义。"客我"代表过去,"主我"代表当下[1]，"主我"是有机体对其他人的态度做出的反应；"客我"则是自己采取的一组有组织的其他人的态度。[2]"主我"与"客我"在教学中经常是不一致

---

[1] 曹顺庆,赵毅衡.符号与传媒:第5辑[M].成都:四川大学出版社,2012:150.
[2] 米德.心灵、自我与社会[M].霍桂桓,译.北京:华夏出版社,1999:190.

的,教师教学中"客我"往往是基于课程教材、学生实际情况以及教学环境,在某一个瞬间当他再次回忆这种"客我"时,就形成了一种对话。在米德的定义中,这是一种姿态对话,或者更通俗一点讲它是"客我"和自己内心的一种对话,内心对教学的理解和追求是本真的、求实的、理想的状态,比较之下,"客我"对教学的反应带有世俗化、情景性、多变性。当与自己内心对话转化为有机体的行为时,自我就形成了,教师的自我意识便产生了,他会知道自己在干什么,知道自己所做的动作所形成的结果,从而也会对教学负起责任。

"客我"的重现对于教师来说主要有3种形式。第一,通过回忆,展现"客我"。这需要教师个体具有较强的记忆力或者记忆的倾向性,要形成与内心的对话,还需在回忆的基础上有专门的经历去思考,教师一般可以使用撰写教学日志或者教学反思的行动,形成回忆中"客我"与当下"主我"之间的对话和交流。第二,再现"客我"。现代技术的发展使"客我"的回忆可以不需要通过原始的记忆来呈现,而是可以通过录像和播放的形式,把"客我"的表现逼真地展现在当下的"主我"面前,因而其对话的空间更大,对"主我"的刺激会更直接。录像再现就是一种对教师课堂教学情况的真实反应,它能够让教师在观看自己的表现中自觉地寻找内心自我形象、自我教学目标设定与现实教学表现之间的差距,通过差距的刺激让教师认识自己、认知教学,从而有利于激发教师不断钻研教学的欲望。第三,"主我"与"客我"的结果之间碰撞与交流。再现录像,只是表达着"客我"的活动过程,或者客观存在的现象,而在实际教学中,"客我"有其作用的对象——学生,通过学生可以很好地呈现"客我",如学生对于"客我"所形成的印象是什么,受"客我"影响结果是什么,是否达到了"客我"的目标,等等。在教学之后,对学生学习结果的分析,例如学习态度的调查、学生作业的考查等,表面上看是教师与学生的对话,实际上是教师自己与自己曾经教学的结果的对话。由此,通过3种对话方式的结合,分析教学活动与教学结果,做到间接资料分析与直观体验反思结合,既形象又全面,也能够有力地为教师了解自己、认识自己提供资料和依据。通过这3种形式的对话可以再现教学过程,审视和检视课堂教学实况以及教学结果,发现教学以及教师自己的问题,为有效教学设计提供突破口。

(二)学习

教师学习是教师生存与发展的基本方式。传统意义上的教师学习是被动地接受着学习。自20世纪80年代以来,教师学习从传统的强调外在规训走向注重内在动力激发,其概念已经得到了丰富与发展。[①] 教师学习正在从外源式的学习走向内生式的学习,但是两者不可缺少,外源式学习是内生式学习之本,没有外源式的学习,不与外界的思想形成碰撞,教师何以生成内在需求?内生式学习也就无从谈起。本书之所以将教师学习指向内生式学习,是因为元教学本身就是一种自觉的教师教学发展路径,内生式学习更符合元教学的理念。

元教学行动中的教师学习,来源于教学对话中生成的问题,是以问题为导向的学习,解答"教学是什么"的问题。其诱因是内在的,但是其学习的途径既可以是由内而外的,也可以是由外而内的。由内而外,是指教师有问题解决的需求,需要求教于他者了解问题的现象和本质,查找资料、与同行讨论、与专家讨论等都是教师学习的方式。自我激励式学习也属于由内而外的学习,教师不是为了问题而学,而是为了获取更多的知识和方法,表现出通过各类媒介学习教学,不断获得新理论、新知识。由外而内,是当教师在教学中有问题,通过教师培训、教育专家报告、同行交流、学生互动等活动获得了问题解决的方案。从元教学行动的角度来讲,这两种学习方式只是表现了学习行动力的不同。前者教师内心的学习动机更强,行动力强;后者教师内心的学习动机不强,行动力弱。

教师学习的主要内容是教学,和教学相关的所有知识、方法都是教师学习的对象,教师学习和教育学这门学科的特征相同,具有高度的内容综合性以及学科知识广泛性,哲学、美学、心理学、语言学、符号学、控制学、管理学等等都与教师教学相关。由此可见,教师需要学习的知识很多,这与教师有限的时间之间形成了矛盾,也直接导致了当下教师学习力的不足。那么,在知识庞杂多元而教师时间有限的矛盾冲突下,碎片化学习应该成为教师学习的主要方式,借助于教师学习共同体,通过网络平台等定期为教师推送教学理念、教学方式、教学案例、教学理论,既可以为教师节省学习时间,也可

---

① 肖正德.教师概论[M].杭州:浙江大学出版社,2013:117.

以让学生获取丰富的信息。作为教师,在碎片化时代,学会知识的存储、整合和利用,应该是获取有效教学知识的重要行动,否则碎片化资源永远是杂乱的知识储备库,碎片化教学永远只能作为一种记忆,无法对教师现实的问题提供方案或者优化教师现有的教学。

(三)研究

元教学行动中的研究是教师理解教学之后进行的活动,学习是为了理解教学问题,研究是为了深入地理解教学、解决教学问题而开展的,研究解答"教学为何和如何"的问题。教师开展研究最直接的价值和意义就在于认识教学、改进教学、完善教学,解决教学实践中出现的诸多困惑、疑难、障碍。研究过程能让教师对教学问题的理解更深刻、更丰富,能提高教师的教学素养,促进教师的专业自觉发展。

教师的研究不同于一般研究者的研究,其主要区别有以下几个方面:第一,相比教育研究者,教师实践者的身份更为突出,教师研究更倾向于实践中能够显性发现的问题,其研究问题相对于教育研究者可能不是一种理性的问题,但对于教师本人来讲,这种问题在一定范围内存在,研究过程有助于他们去深入理解此类问题,从而拓宽教师的教学视野。一般来说,教师是通过学习和资料收集,发现这个问题已有的解决方法并对其进行验证。第二,在研究方法上,教师一般会采用直接的行动研究,研究问题往往采用能够把理论设想直接变成现实的行动实验,其在行动中边实验、边反思、边改进,因而教师的体验深刻,研究行动调节的效度有力,效果检验可信度较高。其研究过程可以简称为"为行动研究""对行动研究"或"行动中研究",教师在此研究中,既是研究者,又是实践操作者,研究具有一定的灵活性和动态生成性。另外,案例研究、叙事研究等都主要依赖于实践经验,都是借助于实践的例子论证或解释理论,它们对于中小学教师来讲,比较容易操作。第三,教师的研究成果在中小学教师群体中的传播性比较强,由于中小学教师教学研究具有实践性强、问题突出、经验丰富的特征,因而容易被同行理解,甚至直接可以应用到他人的教学实践中,形成他人的行动研究问题。

第三章　中小学教师元教学行动研究设计

元教学行动实践研究主要包括调查研究、个案研究。调查研究主要有问卷分析和访谈分析,目的在于了解当下中小学教师元教学行动的整体样态。访谈作为问卷的重要补充,深入了解教师的元教学行动状态,形成对实践样态的具体描述。个案研究包括个案比较和个案跟踪两个方面,比较分析的主要目的在于描述元教学行动凸显者的特征,跟踪干预的目的在于检验调查和比较分析获得的结论,为元教学行动实践指引方向。

第一节　问卷研究设计

一、研究目标

从理论上来讲,意识与行动的一致合乎人之常理,具有元教学意识的教师一旦认识了元教学行动之于教学发展的重要性,他们即会实施这种行动,从而增加自己教学的有效性;然而,实践中复杂的人文环境、多种不确定因素的影响,人的意识与行动往往可能会产生分离。那么,在现实的教学中,教师是否具有元教学意识,元教学行动践行如何,他们的元教学意识和行动是否一致,研究这些问题,对了解教师的工作状态、探寻教师教育之路有一定的借鉴价值。

问卷设计目标在于了解教师整体的元教学意识与行动之间的一致性程度,勾画中小学教师元教学行动实践的整体样态,为探析元教学行动实践中存在的问题指明方向。

二、问卷编制

本调查采用自编问卷(见附录1),在初次的问卷设计中采用元教学行动的 6 个方面作为变量,分别设计行动和意识两类问题。问卷设计的具体维度分别是:教学设计、说课和教学预演,监察、反馈和调控,学习、对话和研究。在每个维度中分行动和意识两类问题,为了保证数据的可靠性,每个维度中的行动和意识方面分别设计了 2—3 个问题,以避免因单一问题而造成的片面性。另外,问卷中除了核心的元教学行动和意识相关问题外,还设计了关于教师基本情况的问题,以便为之后的结果分析提供一些基本依据。

三、调研对象

本调研的对象来自陕西省内中小学教师,他们都是通过邀请的方式参与本次调研。首先,通过研究组内核心成员 5 人,对不同层次学校的组织人员发出邀请,形成问卷调研对象的核心成员,共有 30 人;其次,被邀请的核心成员再次邀请自己校内的同行,扩展调研对象的范围,共有 88 人。采用这种邀请方式,主要目的是保证样本收集的全面性,样本来源地比较多样,同时也能保障问卷的信效度,由于对每个邀请人再次邀请人数有所限制,保障了发起邀约者能够对问卷内容进行充分的解释,保证问卷填写质量和回收率。本研究收集的样本分布在陕西省各地区各层次的学校中,有省级、市级重点中学,也有县级小学;从职称上看,有高级也有中级;从学历层次上看有研究生学历,也有本科学历。参与调查并填写有效问卷的教师共 118 名,基本情况如表 3-1 所示。

表 3-1 被调查教师的基本情况

性别		年龄			职称			学历		学校	
男	女	26—35	36—45	45 岁以上	高级	中级	初级	研究生	本科	重点	普通
64	54	43	58	17	15	50	53	56	62	55	63

四、研究信效度

问卷总体信度是 0.966,信度较高。在结构效度分析中,将 2 个阶段的元教学行动作为 2 个主因子,每个因子的载荷值都大于 0.7(如附录 2 所示)。这充分说明,这些问题设计对于所调研的问题都有较高贡献。

第二节 访谈研究设计

一、访谈研究目的

访谈研究主要作为问卷研究的补充,在问卷调查之后发现,教师对问卷中的观点认可度普遍比较高,但跟教学实际情况有点相悖,于是研究中又针对教师实际教学设计了访谈。由于元教学行动难以观察,访谈涉及元教学意识问题较多,主要通过元教学意识层面的回答对行动进行判定。访谈内容对问卷所描述问题进一步细化,再次考证问卷反映现象实际达成度,了解教师当下元教学行动的基本状态;同时也对问卷所反映问题,在进行再次考证的基础上,试图通过访谈挖掘教师在实践教学中存在的问题,分析造成这些问题的原因,为进一步解决现实问题提供依据。

二、访谈研究对象及过程

在访谈研究对象的选择中,为了避免访谈者的戒备心,防止访谈者与被访谈者之间由于陌生而产生的不信任感,研究中选取了与访谈者关系相对比较亲密但工作关系比较疏远的一线教师参与访谈。由于私人关系的亲密,访谈对象不会对访谈者有排斥感,即对访谈者有足够的信任感,愿意把自己的教学实际情况进行分享。为了保证收集访谈样本的代表性,反映不同层次学校教师的元教学意识状态,访谈对象涉及小学、初中、高中3个阶段的教师群体;每个群体中又分别选择了来自普通、重点、名校的3位教师。因此,访谈对象共涉及9人,这9人中只有2人参与了问卷调查,其他7位教师并未参与问卷调查。9位老师编码:P代表普通学校、M代表名牌学校、Z代表重点学校、G代表高中、C代表初中、X代表小学。每位被访者由两个字母代替,如:PG代表普通高中老师,MX代表名牌小学老师。

访谈过程中先给教师发访谈的基本问题,让他们按照自己的理解简单进行问题准备;接着是采用电话访谈和面对面交流的形式,在比较自然的交流中进行。由于元教学对教师们来说比较抽象,在交流中,尽量避免涉及这个词语,主要以教师日常比较熟悉的词汇进行交流。

三、访谈问题框架设计

访谈的框架主要从设计、说课、预演、对话、学习和研究 6 个方面,特别从元教学行动的意向、决策、认知等方面,对元教学行动具体表现等进行了详细的问题引导和资料收集。访谈设计维度如表 3-2 所示,访谈提纲如表 3-3 所示。

表 3-2 访谈设计维度

	意向	决策	认知
设计	设计意向	设计决策	设计认知
说课	说课意向	说课决策	说课认知
预演	预演意向	预演决策	预演认知
对话	对话意向	对话决策	对话认知
学习	学习意向	学习决策	学习认知
研究	研究意向	研究决策	研究认知

表 3-3 访谈提纲

基本要素		访谈引导(当场)	引导者不在场
设计	设计意向	你自己开展教学设计的动力是什么?为什么能长期坚持?做教学设计想要达到什么目标?	你经常开展教学设计吗?你是自己设计还是参照别人?设计的主要呈现方式是什么?占用你的时间多吗?大概多长时间,这样做有效吗?
	设计决策	如何开展教学设计?先复制别人的再加工修改?先自己设计再看别人的修改?自己按照教材来加工?	
	设计认知	教学设计包含哪些基本要素?你的教学设计有教学依据说明吗?	
预演	预演意向	为什么要进行教学预演?你通过教学预演想达到什么目标?	在上课之前会把课堂内容先演练一下吗?有无时间做这个事情,通常你是怎么做的?
	预演决策	如何开展教学预演?你是怎么样计划实施预演?	
	预演认知	教学预演的主要活动是什么?怎么进行?	

续表

基本要素		访谈引导(当场)	引导者不在场
说课	说课意向	为什么要进行说课活动？你说课的目标是什么？	在上课之前是否说课以做到心中有数、教有依据？说给同事听，还是仅在公开课时用？
	说课决策	通常情况下，你说课之前是怎么准备的？你通过什么方法让你的说课达到最佳效果？	
	说课认知	说课是什么？包含哪些要素？	
学习	学习意向	坚持教学学习的动力来源是什么？学习能够带来什么样的收获？	你经常阅读教育书籍、教学论文或从事其他教学学习活动吗？是否积极听各类报告，参与各级培训学习？
	学习决策	参与培训、参与交流、自己研习这些都是一种教学的学习方式，你经常采用哪一种？你还有哪些方式用来获取关于教学的新知识或进行教学学习？	
	学习认知	自己参与学习的目的是什么？（任务完成、自我发展需求）	
对话	对话意向	对话的动力来源是什么？你是如何定位与他人进行教学对话这项活动的？（作为一种单纯的活动、作为一项任务、作为一个机会）	是否通过观看课堂视频、撰写教学日志与自己对话？是否与同事交流，与他人对话？
	对话决策	用什么方式来开展与教学的对话？研究意志	
	对话认知	教学对话是什么？怎么认识对话这种方式的？教学中的对话有哪些？	
研究	研究意向	研究动力来源？（评职称、学校外部压力、自己发现教学所需）	是否经常开始一些教学研究，通常是怎么做的，都做什么样的研究？做课题吗？如何参与的？是否有成果？
	研究认知	教育研究是什么？教育研究需要做什么？你知道相关中小学教师研究的方法吗？	
	研究决策	怎么样开展研究？如果你对某个问题感兴趣，你会怎么开展对这个问题的探究？	

四、访谈资料分析框架

表3-4 教师元教学意识与行动访谈分析框架

基本要素	元教学意识与行动的内容类别及其表现
设计意向	行政外部驱动,群体互动带来的外部驱动,内在教学需求,内部教学发展需求
设计决策	以他人为基础的复制式设计 以自己为中心的借鉴式设计:先自己设计再看别人的修改 以自己为中心的参照式设计:自己按照标准来加工
设计认知	丰富:掌握教学设计要素并附说明 比较丰富:掌握教学设计的基本要素,但没有理性说明 单调:认为教学设计就是教学流程或者教案
预演意向	行政外部驱动,学生外部驱动,内部教学发展驱动
预演决策	以设计为引导,明确思路 以效果为目的的方法探寻 无预演决策
预演认知	丰富:对教学预演的重要程度认识清楚,并把它当作一种教学习惯 比较丰富:对教学预演的重要程度认识清楚,把它当作一个责任 单调:对教学预演的重要程度认识不清楚,把它当作一个负担
说课意向	无意愿:主要没有行政干预需要 行政外部驱动:群体互动带来的外部驱动 内在教学需求:认为说课是提高教学效率的一种方式 内部教学发展需求:认为说课有利于自身教学发展 外在需求:由他人需要而引起的说课行为,一般是优秀教师需要展示为他人学习
说课决策	仿照式的,自我探究式的,融合式的
说课认知	丰富:了解说课的目的、内容以及流程 比较丰富:仅了解说课的流程 单调:对说课的目的、内容以及流程认识不清

续表

基本要素	元教学意识与行动的内容类别及其表现
学习意向	行政外部驱动,群体互动带来的外部驱动 内在教学需求 内部教学发展需求 取向于学生学习的需求:因为碰到学生需要解决的问题而进行学习
学习决策	外源式学习:参与培训,参与听课 内生式学习:参与交流,自己研习
学习认知	丰富:学习来源丰富,学习方向多样,学习认识清楚,并把学习当作一种习惯 比较丰富:学习来源比较丰富,学习认识比较清楚,并把学习当作一种任务 单调:学习来源单调认识单一,把学习当作一种负担
对话意向	行政外部驱动,群体互动带来的外部驱动,内在教学需求,内部教学发展需求
对话决策	与自己对话的决策主要从所使用决策方法丰富程度上做判断 取向于回忆性资料 取向于情景再现过程 取向于结果讨论
对话认知	丰富:对话来源丰富,对话方式多样,认识清楚,并把对话当作一种机会 比较丰富:对话来源比较丰富,对话认识比较清楚,并把对话当作一种习惯活动 单调:对话来源单调,认识单一,把对话当作一种负担和任务
研究意向	无研究动机 行政干预外部 外部发展环境或教学激励
研究决策	无决策 仿照式的:跟随别人做,不清楚研究设计 探究式的:有自己独立的研究行动

基本要素	元教学意识与行动的内容类别及其表现
研究认知	丰富:研究来源丰富,研究方式明确认识清楚,并把研究当作一个兴趣 比较丰富:研究来源比较丰富,研究认识比较清楚,并把研究当作一种任务 单调:研究来源单调,认识单一,把研究当作一种负担和任务
行为判定	行为常态化凸显,行为目标全面而明确——优(缺少后者为良) 行为非常态凸显,行为目标全面而明确——良(缺少后者为中) 行为非常态凸显,目标片面——中 行为常态不凸显,隐性也不存在——差

五、访谈资料整理

表3-5 高中教师元教学意识和行动访谈结果与分析

基本要素	教学对象		
	PG	MG	ZG
编码	男,普通高中,	男,名牌高中	女,重点高中
教龄	18	25	20
学科	数学	数学	数学
描述	处在普通高中,大学本科毕业,有自己的教学思路和高度的教学责任感	处在名牌高中,教育硕士,有自己的关于高考的思路,专心自己的教学工作,有高度的教学责任感	高级教师、省级名师,有很多机会跟外校交流学习,有受邀讲座学习的机会
设计意向	内在教学需求:教学中有了设计才会知道自己要讲什么;设计要激发学生的兴趣	内在教学需求:每节课都需要给学生输送有用的信息,例如考题、考点、考法	内在教学需求:教学中的设计是为了充分的教学准备,保证教学效率

续表

基本要素	教学对象		
	PG	MG	ZG
设计决策	混合式:参照他人,加工修改之前的	以己为中心的考题设计:重在搜集各方考题类型,想办法突破考点和难点问题是教学设计的重点	以己为中心的教学方法参照式设计:在教学设计中考题和方法同时重视
设计认知	比较丰富:认为教学设计是教案+教学流程;但对于设计说明比较模糊	单调:认为教学设计就是简单的教学流程	比较丰富:对教学流程以及教学要素有清楚的认识
设计行动	教学设计行为非常态凸显(良)	教学设计行为凸显、非常态目标偏激(中)	教学设计行为非常态凸显(良)
预演意向	内在的需求:保证上课的流畅	内在的需求:保证上课质量,保证讲解的针对性	内在的需求:保证上课质量,保证讲解的针对性
预演决策	以设计为导向:简单构思、隐性;公开课才比较显性	无决策:由于不做教学设计,就没有形成决策意识,教学预演处于隐性状态	以效果为导向:由于教学前很少做教学设计,经常会在上课前构思一些教学难点的处理办法
预演认知	单调:把预演看成一种责任	单调:把预演看成一种责任	单调:把预演看成一种责任
预演行动	行为非常态不凸显,但隐性存在(中)	行为非常态不凸显,但隐性存在(中)	行为非常态不凸显,但隐性存在(中)
说课意向	行政干预较强,自己没有意愿;公开课时会说课;一般情况说课没人听,自己也不愿意讲	没有意愿:没有行政干预需要说课,对说课没有想法	外在工作需求:自己是他人学习的榜样,为了让他人了解自己的教学思路

续表

基本要素	教学对象 PG	教学对象 MG	教学对象 ZG
说课决策	仿照式:主要找一个模板,把自己的内容加进去	自我探究式:不会严格按照说课的基本规范	融合式:说给他人自己的教学思路;但有时也要看给谁说,一般都是要找那些比较关注教学、热爱教学的同事来说
说课认知	单调:说课具体内容比较模糊,说课时都有模板,照着他人的做一下就行	单调:没有基本的说课操作规范	比较丰富:有相关说课知识,理解说课的基本环节
说课行动	行为非常态凸显,目标不明确,行为不积极(中)	行为不凸显,隐性不存在(差)	行为非常态凸显,隐性存在(良)
学习意向	同行外部刺激、被动地学习:由于跟同事一起做课题研究,被动地学到了一些知识	学生学习的需求:主要学习习题的编制;对于教学的学习没有关注,也不需要学习那些思想、观念,因为那些都跟教学脱离太远,解决不了学生的实际问题	外部刺激与内在需求结合:因为要面对各种教学情景,面对同事同行对自己的期待
学习决策	外源式学习:书籍阅读得少,主要是通过学校提供的机会参加培训	外源式的学习并且很少:主要学习的对象是习题以及习题的编制,处于一种以自我为中心的环境之中	外源与内生融合的学习方式:主要通过讲座、会议交流等途径来学习,自己读书和看报的机会和时间比较缺乏,在需要做一些资料的时候会去学习那些资料

续表

基本要素	教学对象		
	PG	MG	ZG
学习认知	比较丰富:学习来源比较丰富,但学习仅当作一种任务	单调:既不是一种任务也不是一种习惯,学习来源单一	丰富:学习方式丰富,学习成为一种任务和习惯
学习行动	行为非常态凸显,但隐性存在,不主要来源于外部刺激(中)	行为常态不凸显,隐性不存在(差)	行为非常态凸显,但隐性存在,外部压力和内部的结合(良)
对话意向	行政干预性的、回忆型的,缺乏主动的对话意志;学校要求写教学反思才会写	行政干预性的,反对与他人对话,无与自己对话的意识	外部工作的需求:由于工作需要,其他教师对自己有交流的需求,在这个交流中就要不断反思自己的教学
对话决策	回忆型的教学对话、结果型的教学对话都会有应用,但是不明显,停留于意识层面,没有具体的行动	其对于教学对话更多取向于与学生成绩的对话,也就是偏重于以学习结果来审视自己的教学	与他者对话、评课、讲座、评审都是其参与对话的方式
对话认知	单调:对话就是写教学反思日志,把对话当作一种负担	单调偏激:对话是一种负担,没有写教学反思日志。认为他人对话也是一种负担,例如"即使自己带的徒弟,也有所忌讳,担心他没有时间,观点不一致,形成冲突"	比较丰富,但对话成为一种被动的习惯:这种对话不是自己主动对话,而是被动由他人或他方引起的一种对话(该教师经常被邀请参与评课、讲座、评审等活动,她有来自他者互动的机会)

续表

基本要素	教学对象		
	PG	MG	ZG
对话行动	对话行为非常态凸显（中）	行为不凸显，隐性存在（中）	行为非常态凸显，但隐性存在（良）
研究意向	同事之间的互动——外部刺激：由于教研室中有教师的教研能力较强，经常会做一些教研推送，影响着他的研究	没有研究动机兼行政驱动干预：研究和教学脱离太远，做研究的不懂教学，做教学的不懂研究，教师的主要任务是教学不是研究；除非有任务，跟加薪和评职挂钩，那就必须得做研究	有研究动机、外部同行刺激：现在作为高级教师就必须有自己的研究主题和方向，所以必须要做研究，要给青年人做示范
研究决策	无研究决策：主要是跟着他人做，不需要考虑怎么做，只需要知道做什么就行	无研究决策	融合式：在以他人的研究为模板的基础上，有自己独立的研究方向和方法探究
研究认知	单调：对研究知识了解较少，主要是在他人研究中获取一些研究信心	单调、偏向于没有：把研究当作一种任务，只有这种任务是强制的必需的，是影响自己的未来的，才会去做	单调：把研究当作一种任务，并正在成为一种习惯，在被动做研究中慢慢地也感受到研究的乐趣以及研究的作用
研究行动	行为非常态凸显，比较被动（中）	行为不凸显，隐性行为不存在（差）	行为非常态凸显，但更多是隐性存在（良）

表 3-6　初中教师元教学意识和行动访谈结果与分析

基本要素	教学对象		
	PC	MC	ZC
编码	女,普通初中	女,名牌初中	女,重点初中
教龄	18	20	25
学科	数学	数学	数学
设计意向	内在教学需求:教学中有了设计才会知道自己要讲什么;设计要激发学生的兴趣	内在教学需求:每节课都需要给学生 输送有用的信息,例如考题、考点、考法	行政驱动:做教学设计都是为了应对学校的要求
设计决策	仿照式:参照别人的,自己加工修改之前的	以己为中心的考题设计:重在搜集各方考题类型,想办法突破考点和难点问题是教学设计的重点	以己为中心借鉴式设计:在教学设计中考题和方法同时重视
设计认知	单调:教学设计就是教案、教学流程	单调:就是简单的教学流程说明	比较丰富:熟悉教学设计要素及其需要的理论说明
设计行动	行为常态凸显(优)	行为非常态凸显(中)	行为非常态凸显(良)
预演意向	内在教学需求:保障自己上课效果	内在的需求:保证上课质量,保证讲解的针对性	内在的需求:保证上课质量,保证讲课方法能够吸引学生注意力
预演决策	以设计为导向:隐性,以检查 PPT 切入,上课之前浏览一遍;公开课时会显性化	以设计为导向:排练上课主要内容	以效果为导向:大脑中简单构思学生兴趣的引导方法

续表

基本要素	教学对象		
	PC	MC	ZC
预演认知	比较丰富:把预演当作一种责任和习惯	单调:把预演当作一种负担	单调:把预演当作一种责任
预演行动	行为非常态凸显(中)	行为不凸显,隐性不存在(差)	行为非常态凸显,但隐性存在(中)
说课意向	意愿不明晰,行政干预性强:没有机会进行说课	没有意志,更多来源于行政推动:只有公开课才会需要	外部同行的需求:说课是在他人要求的基础上才进行,一般不说课
说课决策	仿照式:关于说课,更多可能是从他人的说课中获得的经验	仿照式:遇到说课任务时,就会拿别人的范本来撰写自己的说课稿	自我探究式:其说课的资料和来源都是自己的教学心得体会
说课认知	比较丰富:有说课的基本知识,认识比较明确	单调:说课知识掌握较少	比较丰富:说课知识比较丰富,理解说课的基本环节
说课行动	行为非常态凸显(中)	行为不凸显,隐性不存在(差)	行为不凸显,但隐性存在(中)
学习意向	外部与内部结合,有自身对学习的需求;但是由于受学校条件的限制,很少接触教育学习资料	学习意志来源于学习成绩的变化:主要学习习题的编制;对于教学的学习没有关注,也不需要学习那些思想、观念,那些都跟教学脱离太远,解决不了学生的实际问题	无明确学习意志;现在的成绩主要是青年时期的积累,很少再学习了

续表

基本要素	教学对象		
	PC	MC	ZC
学习决策	外源式多,缺乏内生式学习需求:通过参加培训、同行听课来学习	缺少外源式、内生式学习需求,比较偏激:主要学习的对象是习题以及习题的编制,处于一种以自我为中心的环境之中	内生式学习为主;主要从他人那里经过反思后的学习,虽然该教师没有学习意志,但是从她的谈话中可以看到,她很多教学思路都是来源于自己所听他人课程的再次创新,她的主要学习都是在与他人的互动中的自我反思
学习认知	比较丰富:学习就是听课、参加培训,除了参加学校安排的任务不知道该怎么学习、学习什么才能达到优秀的水平	单调:学习就是钻研教辅资料,数学教师的学习就是解题	比较丰富:认为学习处处存在,学习方式多样
学习行动	行为常态凸显,但机会少(良)	行为不凸显,隐性不存在(差)	行为非常态凸显,但隐性存在(中)
对话意向	自身内部对教学质量的需求	没有对话的意志并且很反对	外部工作的需求:由于工作需要,其他教师对自己有交流的需求,在这个交流中就不断反思自己的教学
对话决策	通过回忆进行:课后会修改自己的教学设计;找一些志同道合的同事来交流教学	没有决策	没有决策,由于对话是与他者的刺激下形成的,自身并未形成主动的对话决策意识

续表

基本要素	教学对象		
	PC	MC	ZC
对话认知	比较丰富:有关于与自己对话、与他人对话的意识,但是实践比较困难,主要是学校没什么要求	单调:把对话当作是一种负担,很少进行教学反思日志的撰写	单调且多为被动的对话:都是在他人刺激的基础上,才形成与自己教学的对话,没有形成主动的反思
对话行动	行为常态凸显但不够全面(良)	行为不凸显,隐性不存在(差)	行为非常态凸显,但隐性存在(中)
研究意向	内部的教学需求:早在评职条件出来之前就开始进行研究,也不全是为了评职,就是自己喜欢做这些事情就去做了	没有研究动机,行政驱动较强	无研究动机:认为很多研究都是跟教学无关的,对教学是无效的
研究决策	仿照他人的研究,来完成自己的研究任务	无研究决策	融合式的:有自己独立做研究的经验,但比起专业的教学研究来说不是特别熟练
研究认知	单调:研究知识比较贫乏,虽然想开展研究,但不知怎么做	单调贫乏:这种任务是强制的、必需的,是影响自己未来的,才会去做	研究知识相对比较丰富:掌握研究方法与技术,但是把研究当作一种任务
研究行动	行为凸显,但目标不明确(良)	行为不凸显,隐性不存在(差)	行为非常态凸显,但隐性存在(中)

表3-7　小学教师元教学意识和行动访谈结果与分析

基本要素	教学对象		
	MX	PX	ZX
编码	女,名牌小学	女,普通小学	男,重点小学
教龄	14	6	25
学科	数学	数学	数学
设计意向	外部驱动+内在教学需求;学校有要求,教学中需要设计明确教学思路	内在教学需求:每节课都要想清楚自己的教学目标、方法,让自己的课堂效果更好	行政压力:做教学设计都是为了应对学校的要求
设计决策	以己为中心的探究式:自己先设计,然后再搜集比较有名的教学设计方案进行修改	以己为中心的参照式:重在设计过程、设计方法	以己为中心的参照式
设计认知	教学设计知识比较丰富:教案、教学流程	教学设计知识比较丰富,掌握教学设计的流程和基本要素	单调:认为教学设计就是简单的流程设计
设计行动	行为常态凸显(良)	行为常态凸显(良)	行为非常态凸显(中)
预演意向	内在教学需求:保证上课质量,保证讲课方法能够吸引学生的注意力	内在的教学和发展需求:保证上课质量,保证讲解的针对性	内在的教学需求,但认识片面:主要是为了熟悉课堂内容
预演决策	以设计为导向,融合实践效果:上课之前对自己的教学流程和方法再次回顾加深印象,再想一些有意思的教学情景	以设计为导向:上课之前浏览PPT、浏览教学设计方案	无决策:大脑的简单构思

续表

基本要素	教学对象		
	MX	PX	ZX
预演认知	比较丰富:把预演当作一种责任和习惯	比较丰富:把预演当作一种责任和习惯	单调:把预演当作一种责任
教学预演行动	行为常态凸显(良)	行为常态凸显(良)	行为非常态不凸显(差)
说课意向	来源于行政推动:学校说课的要求比较多	行政推动与自身需求兼有:只有公开课才会需要,一般没有说课的机会;学校同课头的教师少,没办法给别人说自己的思路	来源于行政推动:说课是在他人要求的基础上才进行,一般不说课
说课决策	融合式:关于说课更多的可能是从他人的说课中获得经验	仿照式:遇到说课任务时,就会拿别人的范本来撰写自己的说课稿	自我探究式:说课的资料和来源都是自己教学的心得体会
说课认知	比较丰富:说课概念比较清晰,认为说课就是让别人理解自己的讲课思路	单调:说课概念比较模糊,不太理解说课的过程	单调:对说课操作规范比较模糊
说课行动	行为非常态凸显(中)	行为非常态凸显(中)	行为非常态不凸显(差)
学习意向	外部压力、发展压力、行政干预并存:学校安排的学习很多,同行竞争很大	教学需求、发展需求并存:有很多教学问题解决不了就需要学习;自己现在学校层次不好,希望能够通过学习得到改善	行政干预:主要来源于学校安排的学习

续表

基本要素	教学对象		
	MX	PX	ZX
学习决策	外源式学习、内生式学习时间受限:通过参加培训、同行听课来学习,学校安排学习机会很多,没有时间再去思考如何获取学习机会	外源式与内生式并存:参与同行交流、外出培训学习,主动查阅资料,请教他人	偏重于外源式学习,内生式学习需求较小:经常会有学校派出去学习的机会,自己不需要创造机会
学习认知	学习知识比较丰富,能够认识到学习的意义	学习知识比较丰富,对学习认识比较强烈。教师的学习就是观看他人(名师)的课堂,阅读经典教育资料	学习知识比较单调,学习意义认识不明显
学习行动	行为常态凸显(良)	行为常态凸显(良)	行为非常态凸显(中)
对话意向	教学需求:自身内部对教学质量的需求	教学内部需求:希望通过与同事的对话明晰自己的思路	没有动机需求,在行政干预下会进行教学反思
对话决策	利用回忆与学生作业来进行:通过写教学日志、检查学生作业、与同事交流来进行反思	利用回忆以及学生作业来进行,对话决策比较丰富	利用学生作业以及成绩来进行,比较单调
对话认知	比较丰富:对对话途径了解比较多,知道教学反思、观察录像等活动对教学的作用	比较丰富:对话就是做一些教学反思,与同事交流自己的教学思路	比较丰富:了解对话的途径、方式以及作用
对话行动	行为非常态凸显(中)	行为非常态凸显(中)	行为非常态不凸显(中)

续表

基本要素	教学对象		
	MX	PX	ZX
研究意向	外部行政压力需求大,其他需求没有考虑:一般都是学校委派的研究任务,感觉自己没有决定研究的权利	教学与发展所需:因为要提高自己的教学水平和认识水平,就需要通过研究多学一些知识	无研究动机:原因在于没有行政干预的压力
研究决策	仿照他人的研究来完成自己的研究任务	融合式:有明确的研究方法和思路	仿照式:研究过程必须有他人模板来做参照
研究认知	比较丰富:有一些基本的研究方法和技术,但把研究当作一种任务	丰富:有丰富的研究经历和方式,理解研究能够促进教学、激发教学动机	比较丰富:有一些基本的研究方法和技术,把研究当作一种任务
研究行动	行为常态不凸显(差)	行为常态凸显(良)	行为非常态凸显(中)

第三节 个案研究设计

个案研究主要涉及个案比较分析和个案跟踪干预研究两个方面。

一、个案比较分析

(一)目的

在调查研究中,主要发现的问题是教师元教学意识与行动之间的差异比较大,元教学行动不强。但是,关于教师课堂教学过程中的元教学行动情况,难以通过问卷和访谈获取精确的信息以及进行客观的分析。故采用个案研究的方式采集教师元教学行动的信息,其目的在于搜集元教学凸显者在课堂教学中的表现信息,探究元教学行动凸显者在的课堂教学行为特征,为有效的元教学行动树立目标并提供指引。

(二)对象

个案主要选择了两位教师,在选择这两位教师之前,首先对他们的背景以及行为进行了初步了解,他们所带年级和课程相同,二人除了性别的差异外,他们在教学前后的元教学行动状态中表现出差异:一位教师是在同行内教学评价较高,并兼有教研组长职务,其元教学行动比较明显,元教学意识比较强烈,可称其为"元教学行动凸显者 ZG1";另一位是教学成绩一般,元教学行动比较迟钝,行动意识较差的教师,称其为"元教学行动模糊者 PG2"。下面以两位教师的课堂教学作为比较分析内容,这两节课都是两位教师为了参加区上的教学比赛而精心准备的。

表3-8 教师 ZG1 和 PG2 的元教学行动比较

元教学行动要素	教师的实际行动描述(通常情况是怎么做的?)		分析
	教师 ZG1	教师 PG2	
你的教学设计包括哪些内容	教学目标、重难点、教学手段、教学方法、教学时间、教学流程以及说明。通常做教学设计,还会设计 PPT,或修改已有的 PPT	教学目标、重难点、教学手段、教学方法、教学时间、教学流程	要素有差异:关于教学设计知识,从两位老师的教学设计中就能获得信息。在他们关于教学设计的描述中也可发现,两人的区别在于,师 ZG1 比师 PG2 多的一个"说明"的环节
每节课之前你是否进行教学设计,学校有要求吗?	基本每次课都有教学设计,学校要检查教师的教学设计,并且有一些要素要求	基本都做,但不能保证每节课都做得很详细。学校对教学设计没有具体要求	学校要求有差异:两位教师所处学校对于教学设计要求程度不同。ZG1 教师所在学校要求比较具体,而 PG2 教师所在学校没有具体要求

续表

元教学行动要素	教师的实际行动描述(通常情况是怎么做的?)		分析
	教师 ZG1	教师 PG2	
你如何做教学设计	查看教学参考书,查查有没有做过类似的,拿过来参考、修改一下;有时也会想想以前听过的类似课型,通过设计一些方法或技巧来突破教学重难点	经常做的事情就是看教学参考书,查找一些相关的教学设计案例进行参考,制作PPT,把握本节课教学的重难点	决策丰富度有差异:ZG1比PG2教师决策方法要丰富一些,他会通过经历过的课堂比较探寻教学设计的思路
预演的目的是什么,是否经常做预演,教学之前如何做预演	预演的目的就是熟悉课堂教学流程,做到对教学设计的熟练应用。通常在上课之前再回忆一下课堂教学需要把握的难点,教学设计的主要方法、路线,做到心中有数;没有预演是不可能的,只是时间可能会比正规的预演少一些,形式比正规的预演要更具隐性特征	预演目的就是要埋清教学思路,做到对课堂内容的熟练把握。一般除了要上公开课外,课前都不做教学预演,经常是在上课之前把教案再看一遍,做到心中有数	预演认识无差别,预演决策和行为有微小的差别。经常是一种无意识的自觉教学行为;如果一个教师在回忆教学工作程序中能够意识到这个环节的存在,就说明他在教学之前有着充分的准备。师 ZG1 的预演是一种隐性的快节奏的预演,而师 PG2 的预演环节不明显,没有做到脱稿演练的境界

续表

元教学行动要素	教师的实际行动描述（通常情况是怎么做的？）		分析
	教师 ZG1	教师 PG2	
说课的目的是什么，说课活动是否经常开展，如何准备说课	说课主要目的是要他人理解教学思路，其实说的过程使自己对教学的理解也更清晰；一般在学校公开课和大型的评优课和展示课后都要进行说课活动，日常上课时间不会说课。要准备说课，先做好教学设计，然后根据说课的基本要素组织文本	说课的目的是为了把自己的上课思路展示给专家，让他们知道教学设计的基本思路；在学校公开课和大型的评优课和展示课后都要进行说课活动，在日常教学中没有说课。一般准备说课，会找一个说课范本，拿来修改	说课意识有区别：教师 ZG1 对于说课的认识要高于教 PG2，教师 ZG1 认为说课能够："让自己理解教学过程"；说课决策有区别：教师 ZG1 的决策更具有自主性和探究性；而教师 PG2 的说课决策仿照性更强；说课行为方面两个教师几乎没有什么区别，这与平时教学活动程序的要求相关
课后学习是教师自己的学习吗，你经常阅读教育书籍、教学论文或从事其他教学学习活动吗	课后查阅一些最新出现的教育观念，到知网上搜一些相关教学杂志和书籍；另外，会经常参加校际的学习活动，如市区组织的评优课、研讨活动等	课后一般都是批改学生作业、备课，主要看的是学生习题参考书，其他如学校要求交流论文之类，会在百度中搜一些。实际上在日常工作中，没什么时间看书	学习方式、学习来源有区别：教师 ZG1 的学习方式比较多样，包括自学书籍论文和参与教研活动学习。教师 PG2 的学习来源于考试压力和工作要求，学习方式以及学习途径比较单一，没有明显的自觉学习倾向，主要原因可能是疲于应付教学任务，没有完全从教学任务中解放出来

续表

元教学行动要素	教师的实际行动描述（通常情况是怎么做的？）		分析
	教师 ZG1	教师 PG2	
课后对话（可以通过观看课堂视频、与课堂对话、撰写教学日志与自己对话）	在有机会的时候看着自己的视频，觉得很不自然，和自己的预期有些偏差，冲击力太大。工作以来，做过几次，但比较少。至于教学日志，知道它的作用，但做不到天天写，每次上完课后可以做到写教学反思，但就是比较简单	没有回头看过自己讲课，以前上学的时候通过微格教学做过，现在也没有时间这么做。关于教学日志，我觉得每天备课教案后的反思应该就是教学日志，有的时候我会写一点教学反思，但通常情况下教学反思都是在课后想一下，没有去记录	两位教师在对话意识以及行为上有区别：ZG1 有通过对话开展自我反思的想法和意识，对于教学录像分析有一些体验行为；而 PG2 的对话意识比较弱，对话行为发生频次较少，尤其是观看自己的课堂视频，该教师没有做过，更没有那种自我挑战的思想冲击感受
课后研究（是否经常从事教学研究，通常是怎么做的，都做什么样的研究）	平时也承担一些市上的、学校的小课题，个人比较喜欢钻研数学思维培养问题，看过一些材料，但是到自己学生身上实践起来也不容易	每天就是处理学生问题、上课，至于做研究，一是没有时间，二是不知从何做起，很少参与。认为老教师做研究多一些	两位教师在研究意识和行为上区别较大：目前一些教师参与研究是自觉、主动或是一种内心的需求，而没有参与的则缺乏引导，没有科研的积极性。教师 ZG1 有一定的科研兴趣，已经有一些初步的研究经历；而教师 PG2 还未发现自己的兴趣，在研究中还未行动

二、个案跟踪干预研究

(一) 研究目的

在具体的教学实践中,元教学行动究竟对教师的教学以及专业发展有何促动,是否能够让教师落实到教学实践中去,是否能够促进教师的教学有效性、引领教师的教学发展,带着这些问题,本研究采用典型个案跟踪分析,以元教学行动引导作为干预因素,通过对一位教师的成长过程进行元教学行动指导,鉴定研究中提供的行动框架对于教师行动的指引性和教师教学发展的可行性及有效性,为构建元教学行动路径提供基础。

(二) 研究对象选取

个案跟踪的研究对象选取是在研究者确定此项研究课题之后,采用个别访谈和间接访谈的形式,在了解了若干教师工作状态的基础上,确定了研究对象选取的基本特征:积极向上、善于交流、喜欢教学。最终确定选择教师 PC1 的主要原因有两个:其一是教师 PC1 刚好在参加区内为期一年的"一帮一"专家教师培训项目,其个人参与培训热情较高,渴望得到专家的指导;其二是该区教研员作为教师 PC1 的指导专家,不但非常有耐心,而且对于教师教育这项事业非常有热情,一直专注于教育实践研究和教师培训,对本研究方向很感兴趣,愿意与研究者一起开展教师教育研究,为研究者提供所需实践资料。在确定了合作研究者和研究对象的基础上,该区教研员 Y 开始在日常交流中把相关的元教学行动指引路径有意地渗透到对教师 PC1 的个体教学行动要求中。

(三) 研究对象特征

"入职熟悉后,我就进入了紧张的工作状态,每天忙于备课、上课、批改作业,学校布置任务,我就按时完成,其实也没怎么想以后的事情,感觉没有时间去想。对于备课,我一般都是根据教参或者名师教案有选择地做一些调整,对于做研究没有接触,也没有机会;但是当我碰见教研员 Y 之后,他在区上经常评课、讲课。我有幸经常听他评课,也被点评。在他的言语中,总是有一些新鲜的词语和新奇的观点让我诧异,我感觉他工作认真、学识渊博、目光犀利,于是我就主动和他交流,向他请教经验,他给我推荐阅读书目,并且让我写读书笔记。我一直这样做,觉得收获很大。有一天我又通过教研员 Y 认识了一位教育研究者,给我的思想又是一次猛烈的冲击,他年龄比我小,但是学历比我高,读的书比我多,还有自己的研究方向,我真的很羡慕他,我也主动和他成为朋友。由于我们年龄相近,交流比较随意,所以我和他经常一起探讨学生学习的问题,每次的交流都让我非常有收获。这二位对我的教学工作影响较深,我觉得他们的共同特点是都喜欢钻研,不管是在学术上还是在生活中,他们的生活态度都很严谨,遇到事情都能独立地思考,做出自己的判断;我想我也应该向他们学习,做一个爱钻研的人。我开始申报小课题,每次请他们两位给我推荐资料,给我传授做课题的经验;现在我的备课不再拘泥于教参和教案了,我开始吸收自己看到的、听到的典型设计经验,也试着吸收一些新理念进入课堂中。对作业批改我不再感觉到枯燥了,而是开始学着给学生的作业进行分类,通过作业来把握学生的心理和学习状况。"

通过上述教师对自己教学经历的陈述,展示了该教师的成长印记,同时暴露了教师成长中普遍存在的问题。教师 PC1 描述的过程中,分别涉及教师与区教研员共同学习之前和之后两个阶段,主要通过两个阶段的对比来发现教师 PC1 在接受元教学行动指引后的收获,下文分别用"共同学习之前"和"共同学习之后"来标明教师 PC1 行动、思想变化的阶段。

以下是对教师 PC1 在共同学习之前教学行动所表现出的几个突出问题的总结与描述。

1. 行动目标意识淡薄

行动目标是指教师行动所要达到的目标,这个目标不仅仅是教学目标——提高教学质量,也包括对自身发展的需求和目标的实现。行动对象的目标是直接的、显性化的目标,而行动个体的发展是行动的基础和前提条件,只有个体的发展才会有力地推动行动进行,实现行动对象目标的达成。然而,在实际教学岗位上,大部分教师都像教师 PC1 一样,在忙碌的教学工作中,虽专注教学目标,但缺少职业规划和职业目标。

研究者:"你觉得自己的教学工作应该达到一种什么样的状态,获得一种什么样的效果?"

教师 PC1 回答(共同学习之前):"提高学生的学习成绩,做一个好老师。"

他把"提高学生的学习成绩"这个教学目标作为好教师的标准,仅仅是完成了行动对象的目标。从行动包含行动主体和行动对象这两个方面来看,这种认识比较片面,他重视了(教学)对象目标的达成而忽视了主体本身的需求;从对象目标本身来看,这个目标的片面性主要在于它和当下社会对人的全面发展需求不完全相符。为了进一步了解其对好教师的认识以及对教学目标的全面认识,研究者让他解释一下对好教师的定义。

PC1谈道(共同学习之前):"对于学校来说,好教师就应该兢兢业业;对于学生来说,好教师就应该是关心每个学生,能让学生在我的课堂上有更多的收获。""所以在刚开始上班时,我对工作很有热情,认认真真完成学校的每一项任务。"

事实上,"好教师"虽然可以作为教师发展的目标,但过于宏观,难以为其个人发展指明方向;他认为认真做好每一件学校要求的工作,就是自己的目标追求。这种目标意识仅仅是一种消极、被动地接受他人设计的目标,缺乏与自己的教学内心做对照,缺乏个体的主动认识和能动性的需求,也缺乏与外围的参照或榜样对象做比较,难以为自己提供一个明确的发展方向。如果一个教师不会规划自己的职业就容易在工作中迷失方向,也就更难以为学生提供规划方向了。目标意识强烈的教师应该是在对课程、教材、学生等因素充分理解的基础上,对自己在教学发展,如教学方法、教学能力、教学效果、教学科研能力等方面有一个清晰的定位和目标追求。

2. 行动方法缺失

在教师PC1的前期经历中,他为了追求自己的"好教师"标准,一方面按照师傅的方法开展教学工作,一方面也在自己用心观察、摸索教学经验。但是在行动中,当问到"你(之前)是怎么样获取教学方法、积累自己的教学经验"时,教师PC1说:"教学方法基本上都用我们之前学过的那些方法、自己老师用过的及别的老师用过的,有的时候看到别人用过的好方法,就把它用到自己的教学中。"

关于积累教学经验,作为学生时的经验、移植法成为教师PC1获取教学方法的主要途径。教师PC1缺乏对自己教学经验的反思和分析,缺乏自我探索的精神和策略方法。关于提高课堂教学效果、把握学生心理方面,教师PC1的行动中虽然有"观察、记忆、反思"这些活动,但是这些活动基本上是在短暂的、潜意识状态下完成的,并没有对自己在实践中长期所观察的现象、记忆的实践以及反思的内容做有针对性的记录和总结,他没有形成一套自己的行动策略,没有把这些活动进行显性化操作并记录下来,从而造成教学经验的流失。由于学生多样性以及时代发展的快速化,教师需要通过各种媒介和手段与时俱进地掌握各种社会信息、教学需求、学生心理等方面的变化,通过在教学行动中不断地积累和反思关于开展教学设计、提高课堂教学效果、组织管理学生、把握学生的心理方面的资料,形成常态化的教学反思和行动改进习惯,才能在不断发展变化的教学情境中得以生存和发展。因此,即使教师PC1有学习和反思的想法,在没有良好的策略作为行动践行的指引条件下,其教学行动不会得到较大改进,教学目标的实现就会大打折扣。

3. 行动连续性和发展性不强

元教学行动的连续性要保持行动的常态化运作和循环性互动,使得教学前的行动获得教学后行动的反思,教学后的行动为教学前的行动提供依据,保持教学前后相通互动。行动的连续性可以保证教学思考的持续性,有利于教师持续不断地获得激励,增强教师的教学动力,有利于教师教学的不断改进和发展,有利于教师自身教学发展形成一个良性循环。间断性的元教学行动会引起教学前后脱离,即使教学前有努力的行动,在教学后没有经过学习和反思,教师并不会深刻地理解教学前行动的有效性和可持续性,从而不利于教师的成长和发展。例如,很多教师对于说课、教学预演以及教学设计这些元教学行动都有过经历,多数是在初上讲台的阶段体验或在特殊需要时经历过,这些行动效果都得到认可,但是由于这些行动在教学中会占用大量时间,或者自己在教学工作中自觉钻研的意识较差,使这些行动逐渐在日常的教学活动中消失。教师PC1表示在刚上讲台时的教学活动中基本都能践行这些元教学行动,一年的见习结束后就没有再进行过,尤其是当自己能够独立完成教学任务时,一些行动没有规定或约束,也就很少有人去主动地践行那些行动。因此,对于多数教师来说,教学预演、说课、教学设计这些活动的开展对教师的教学有促进作用的,而作为熟手教师的行动便逐渐消失,教师的元教学行动开展都是间断性,或者忽视教学前而重视教学后,或者重视教学前而忽视教学后,或者教学前后都是在行政的干预下完成的,没有自觉保持活动的连续性,使这些活动本身对教师以及教学的促进作用悄然消失,从而严重地影响了教师的可持续发展。

(四)研究过程干预

在与教师 PC1 交流的基础上,教研员对该教师一年的行动提出一些具体的要求。特别根据当下教师具体工作中存在的误区加强引导。对于其中一些常规的要求没有做具体说明,只是针对一些重点而教师比较容易忽视的问题,提供具体建议。

1. 撰写教学设计

详细的教学设计要素包括:教材分析、学情分析、教学环境分析、教学目标及分析、教学内容及分析、教学重难点及分析、教学方法与手段及分析、教学时间及分析、教学流程设计及分析、教学活动安排的理论依据、板书设计与分析、教学反思、PPT 等。

关于教学设计的建议:教材分析不能仅停留于这节课程与前后课程之间的联系上,重点要考虑分析这节课程教材内容在情景、内容、形式方面的特征及其对于教学实际的需求有哪些变化。学情分析要兼顾自己班级学生的特征,而不仅仅是这个学龄段学生的特征,从班级学生与年级学生的差异,班级学生的家庭、社会背景等方面做具体的分析,认清学生的学习倾向和需求;在教学方法设计中,特别要考虑到实际情况,不能由于方法的多样性而罗列一些方法,要提前预设到这种方法在实际课堂中的操作可行性,避免出现设计与实践之间的脱节,方法设计与方法实施之间不匹配的问题;在理论依据的说明中,要使用专业教育学理论词汇,严格避免经验性或口语化的描述说明,通过查找相关教育书籍,学会把自己的教学经验与理论要求对接,从理论中为自己的设计探寻基础。

对教师 PC 的要求:每周至少设计 3 节详细的教学设计,并提交讨论。

2. 说课行为常态化

说课通常情况下包括说教材、说学生、说内容、说流程、说方法,仅以说课元素为框架进行说课层次的排列,会显得单调而机械。说课要以教学设计为文本载体,对每一个关键节点上的说课元素做到有理有据的阐释。另外,也可围绕说课某一元素为主要线索,结合教学设计,阐明其他说课元素。

对教师 PC1 的要求：每次上课之前试着按照说课的标准向他人讲述自己的教学设计思路及依据，每周向指导教师汇报、交流教学设计一次，并以说课的形式开展。

3. 教学预演明晰化

关于教学预演的建议：每次上课之前都要有意进行教学演练和试讲，做到对教学内容、教学流程、教学方法心中有数。语言组织是预演的关键环节，预演时要做到语言衔接流畅、对学生的关键引导语层次分明；另外是动作协调，提前选择一些提问、解答、表扬、批评等行为发生时所需要采用的身体动作，让身体动作能够结合语言做到简明、协调。

对教师 PC1 的要求：每月在教学设计的基础上做一份详细的预演文本设计，文本设计比教学设计中的流程要素更丰富，需要增加引导语，着重处理流程设计中的语言衔接问题。另外，板书与 PPT 的步骤融合呈现是预演中需要考虑的关键行为动作问题，相比教学设计的板书，预演的板书主要考虑何时、何地要与 PPT 搭配，尽量与 PPT 呈现互补。

4. 教学学习常态化

关于学习建议：教学学习途径主要通过听课、评课、研讨、读书等途径开展，听评课活动中的学习要做到带着问题去听评，在听评之前确定自己听评的关注点，在听评之中做好关注点记录，在听评之后进行评析说明。由于研讨活动中的主题提前已经规划，在参与研讨之前，要提前查阅相关资料，做到熟悉研讨主题，梳理自己相关研讨主题中的问题，在研讨中时时关注发言者的观点与自己问题的针对性，比较自己所想与研讨者之间存在的差距，提出自己的见解，解决研讨中的困惑。研讨之后，整理、总结心得体会。

读书看报要有框架，重点阅读教育理论经典书籍，先以熟悉当下流行的教学理论方法为主，读书中要以一些基本问题来引导、提取关键概念：我学习的哪种教育理论？该教育理论的依据是什么？该教育理论在教学方法、教学内容、教学对象等方面有哪些建议？在教学中，这个理论我是否用过，在何处用的，用得如何？有哪些教育理论中提到而我自己没做到，为什么？今后有没有尝试该方法或建议的可能性？

对教师 PC1 的要求：定期跟着指导教师参与区上教研交流活动，每次活动要发言总结经验;每月阅读书籍不少于 2 本,撰写至少 500 字的读书心得体会,与指导教研员进行交流。

5. 教学对话常态化

关于教学对话的建议:教学对话以与自己教学对话为主,主要通过课后撰写反思、观看课堂录像、分析学生表现等途径展开。撰写反思主要寻找教学设计与教学实践之间的差距,可以从学生预设与表现、问题预设与实际表达、流程设计与表现、时间预设与实际用时等方面进行回忆和分析,以找出问题、分析造成问题的原因、提出改进策略为基本的反思框架。通过观看课堂录像,掌握课堂全局,分析"我的想象"与"我的实际"之间的差距,从"我的形象""我的语言""我的动作"中发现"我的优点与不足";除此之外,通过学生状态的观看,发现课堂中未有发现的课堂情景,进行记录和总结。在学习成果的反思中,主要借助学生的作业查看教学效果是否达成,以布鲁姆的目标分类学为基本参照,分析学生目标的达成率,并学着探寻原因、提供对策。

对教师 PC1 的要求:课后反思和分析学生作业日常化,每节课后撰写教学反思,学生作业及时批改、及时总结与反思。每月观看一次自己的教学视频,撰写体会,与指导教师交流教学心得。

6. 参与课题研究

关于课题研究的建议:课题研究要从自己的教学实践入手,结合自己的研究兴趣,发现问题,制定研究计划,开展研究,总结研究成果。

对教师 PC1 的要求:以参与指导教师课题"提高数学课堂有效性策略与方法"为基础,积累研究经验。在此项研究中主要完成的任务包括:收集优秀教师的数学课堂设计与视频,寻找课堂分析框架,分析教学设计与视频,撰写分析结果,分享分析与结果,提出提高数学课堂有效性策略与方法,实践课堂分析策略与方法。该教师全程参与,了解课堂研究中的具体环节,重点做实践分析策略与实践策略并反思,完成研究论文。另外一项要求是,在研修结束之前,根据自己的教学实践和研究兴趣,撰写课题申报书。

(五)研究资料收集

为了获取研究对象及其日常活动的具体资料,研究者采用了田野调查跟踪的方式,主要通过以下行动方式来完成。

第一,间断性地跟踪研究对象日常教学,实地到研究对象的学校,通过课堂、办公室等环境观察研究对象的日常教学工作。

第二,定期与研究对象进行交流,以其具体的研修要求为框架,采集研究对象阶段性的活动内容以及任务完成情况。

第三,定期举行研究者、区教研员、研究对象三方的互动研讨活动,了解教研员与研究对象之间的互动状态,从教研员那里获取研究对象的研修进展,了解研究对象的困惑和研修需求,提供策略与方法,并给予鼓励和引导。

第四章 中小学教师元教学行动实践样态

通过调查研究发现,中小学教师的元教学行动存在着一些典型的差异,下文结合访谈进一步分析元教学行动实践中的一些问题及其生成原因。

第一节 中小学教师元教学行动的差异化表征

一、元教学意识与行动之间差异显著

问卷中每个问题都设计 5 个答案,其行动或意识的强度都有一定的区分。在统计中首先按照行动或意识强度分别给答案赋值为 5、4、3、2、1,然后,取 2—3 个问题得分的平均值,得到每个维度的统计值;最后利用 SPSS 软件,得出每个维度上的行动和意识的 T 值和 P 值,在 $P<0.05$ 的统计范围内,差异越显著,表明行动和意识之间的表现越不一致;差异不显著,表明行动和意识具有一致性。经过对收集的问卷进行数据统计分析,结果如表 4-1 所示,下文将从 6 个维度上的具体统计结果进一说明和解释。

表 4-1 教师元教学行动和意识总体检验表

	相关系数	标准差	T	P(sig)
设计意识与行动	0.438**	0.941	-0.611	0.543
说课意识与行动	0.410	1.027	5.244	0.000*
预演意识与行动	0.735	0.644	1.95	0.388
学习意识与行动	0.425	0.913	7.167	0.000*
对话意识与行动	0.661	0.876	-7.661	0.000*
研究意识与行动	0.381	0.969	-4.665	0.000*

二、元教学行动存在性别差异

从均值表现来看,女教师在元教学意识和元教学行动方面的表现要高于男教师。从统计水平上,进行单因素方差分析发现,除了设计行动研究意识、研究行动,男女教师之间的差异不显著($P>0.05$),其余几项男女教师均存在显著差异($P<0.05$)。

表4-2 不同性别教师在元教学意识和行为方面的差异

	男		女		T	Sig
	平均值	标准差	平均值	标准差		
设计行动	4.08	0.228	4.23	0.086	0.749	0.102
设计意识	3.77	0.237	4.37	0.069	1.245	0.020*
说课行动	3.08	0.235	3.55	0.097	2.163	0.033*
说课意识	3.69	0.206	4.02	0.083	1.728	0.009*
预演行动	3.27	1.116	3.76	0.830	5.634	0.019*
预演意识	3.54	1.208	3.68	0.983	4.685	0.032*
学习行动	3.81	1.167	4.29	0.655	11.815	0.001*
学习意识	3.58	1.027	3.93	0.823	5.201	0.024*
对话行动	3.62	1.169	3.76	0.856	5.975	0.016*
对话意识	3.92	1.294	4.32	0.694	18.065	0.000*
研究行动	3.77	1.107	3.79	0.819	3.536	0.063
研究意识	4.12	1.033	4.26	0.797	2.742	0.100

三、元教学行动存在学校差异

从学校层面来统计,重点学校的教师在每项内容中的均值均高于普通学校,在统计检测中,除了设计行动和研究行动意识没有显著差异($P<0.05$),其他方面,普通学校和重点学校均存在显著差异($P<0.05$)。

四、元教学行动存在学历水平差异

从学历统计来分析,研究生学历的教师,元教学行动及意识表现,均值普遍高于本科学历的教师。尤其是在教学设计意识、说课行动与意识、学习意识、对话行动与意识以及研究行动与意识中,两个群体的差异表现比较显著。

表4-3 不同学校层次教师在元教学行动和意识表现上的差异

	重点		普通		T	Sig
	平均值	标准差	平均值	标准差		
设计行动	4.08	0.228	4.23	0.086	0.749	0.102
设计意识	4.52	0.580	4.15	0.893	3.986	0.048
说课行动	3.81	0.879	3.34	1.024	4.742	0.031
说课意识	4.33	0.620	3.84	0.898	7.263	0.008*
预演行动	3.27	1.116	3.76	0.830	5.634	0.019*
预演意识	3.54	1.208	3.68	0.983	4.685	0.032*
学习意识	4.56	0.506	3.91	0.996	10.421	0.002*
学习行动	3.58	1.027	3.93	0.823	5.201	0.024*
对话行动	3.74	1.023	3.26	1.009	4.624	0.034*
研究行动	4.07	0.616	3.79	0.819	3.738	0.046*
对话意识	4.56	0.506	4.10	0.883	6.560	0.012*
研究意识	4.12	1.033	4.26	0.797	2.742	0.100

表4-4 不同学历水平教师的元教学行动差异

	研究生		本科		T	Sig
	平均值	标准差	平均值	标准差		
设计行动	4.44	0.641	4.12	0.964	2.681	0.104
设计意识	4.52	0.580	4.15	0.893	3.986	0.048*
说课行动	3.81	0.879	3.34	1.024	4.742	0.031*
说课意识	4.33	0.620	3.84	0.898	7.263	0.008*
预演行动	3.81	0.681	3.60	0.976	1.093	0.298
预演意识	3.78	0.974	3.62	1.052	0.513	0.475
学习行动	4.30	0.912	3.87	1.013	3.883	0.051
学习意识	4.44	0.506	4.11	0.875	10.421	0.002*
对话行动	3.74	1.023	3.26	1.009	4.624	0.034*
对话意识	4.56	0.506	4.10	0.883	6.560	0.012*
研究行动	4.19	0.736	3.76	0.899	4.592	0.034*
研究意识	4.52	0.580	4.14	0.901	4.163	0.044*

五、元教学行动表现出学科差异

从学科方面统计,语文和数学学科教师的元教学行动表现积极。调查中涉及不同学科的教师,由于在样本收集中英语和其他学科的样本相对较少,主要设计有语文、数学和其他3类。结果显示,数学与语文学科之间没有表现出显著且普遍的差异,而语文、数学学科,与其他学科相比,却表现出比较普遍且显著的差异性。

表4-5 不同学科间教师元教学行动的差异表现

	其他科目均值	语文、数学均值		Sig
设计行动	4.10	语文	4.29	0.212
		数学	4.40	0.022*
设计意识	4.02	语文	4.35	0.150
		数学	4.44	0.012*
说课行动	3.17	语文	3.76	0.032*
		数学	3.65	0.017*
		数学	4.42	0.002*
学习意识	3.92	语文	4.41	0.028*
		数学	4.40	0.003*
对话行动	3.52	语文	3.82	0.221
		数学	3.94	0.021*
对话意识	3.92	语文	4.29	0.099
		数学	4.48	0.001*

第二节 中小学教师元教学行动中的问题

调查研究能够反映中小学教师在元教学实践中的基本问题,访谈资料的收集和整理对于这些问题的分析提供了必要补充,二者结合,可初步发现中小学教师在元教学实践中存在的问题及其原因。

一、男教师的元教学实践倾向性远远低于女教师

从调查研究中可见,男教师的元教学意识以及行动表现都远远低于女教师。男性在教师行业中有一种得天独厚的优势,在当下女性学历层次普遍较高的社会环境下,各行业女性竞争压力大,而男性受到各行业尤其是教师行业的热烈欢迎,所以男教师似乎成为中小学教师行业的宠儿。中国社会科学院和北京师范大学教师教育研究中心联合发布的《中国中小学教师发展报告(2012)》显示:我国中小学女教师所占比例已达52.93%,城市小学女教师比例高达79.39%,其中隐藏的"男教师危机""性别认同障碍""男孩女性化"等问题成为社会各界关注的重点,矫正这种男女比例差异,在师范类院校招生和教师招聘中实行性别配额,以增加中小学男教师的比例,已经成为社会各界正在关注的问题。[①] 与此同时,女教师应聘和求职的压力逐渐增大,她们可能要付出多倍于男教师的努力才会获取平等的条件和机会。在这种背景下,女教师的工作动力远高于男教师。

从访谈的三个高中教师来看,两位男教师(PG 和 MG)的元教学意向都比较低,女教师(ZG)成为在同行中比较受欢迎的教师专家,这就为她的元教学意识与行动之间的互动奠定了良性的循环基础。从她的访谈中可以发现,该教师目前由于自身在同行内的影响力,她受到外界的工作压力比较大,例如作为培训专家、作为优秀教师代表等活动刺激,她对学习、对话和研究意识程度相对于男教师要高,其元教学行动的动机虽不是完全的本心所向,但正是在同行的激励和外界工作压力下,女教师(ZG)的元教学行动已经比较凸显,但又不同于一般意义上的直接行动,而是一种间接地通过他人的活动反观自己的元教学行动。例如,她经常会在观察他人活动中反思自己的活动,在评价他人的过程中审思自己是否已经达标。男教师(MG)身处重点学校,对学习、研究与对话表示明显的反对情绪,在教学设计中以追求教学成绩为准则,男教师(PG)的学习、研究行动,主要是源于行政压力以及职称评定的外在需求。

另外,在小学阶段的男女教师比较中,3位教师都属于普通教师,只有学

[①] 王俊.教师职业的性别标识探论:兼谈师范类院校男女生比例失衡问题[J].高等教育研究,2015(06):65-72.

校的差异,没有名誉上的区别。女教师(PX 和 MX)在元教学意识和行为上表现比较一致,她们能够认识到教学设计、说课和预演行为的重要性,相关教学设计知识比较丰富,具有一定的学习、对话和研究动机,并已经形成了一些积极的行动,所以她们的元教学行动表现方面都较为积极,有意向、有决策并且行动到位;男教师(ZX)在元教学行动表现方面就略显被动,其在学习、对话、研究中的动机表现不足,其教学设计、说课知识掌握比较贫乏,对于学习、对话和研究的决策方法表现比较单调,整体上的元教学行动力相比女教师要差一些。

二、教师元教学行动受学校层次的影响

重点学校教师的元教学意识和行动普遍低于普通学校教师,问卷反映的这一现象从访谈资料中就能得到明确的解释。

首先,重点学校教师的元教学意识和行动更多的是来源于行政的干预,访谈的9位教师,在相关他们的元教学意向访谈中,只有 PX、PC 在她们的意向中表现出是"教学内部需求和自身发展需求",尤其是 PX,她是一个小学教师,她身处的学校条件很一般,她对教学成长有一种发自内心的需求和渴望,希望通过自己的努力来改变当下的教学环境。PC 是一个初中女教师,她没有表现出像 PX 那样对改变环境的需求,她的元教学意识更多的是一种习惯和自觉的反应,这种元教学行动已经成为常态,她对于学习、研究和对话没有排斥态度,并且一直践行在自己的教学中,但当问到她为什么会参加一下研究活动,是不是学校要求时,她说道:"在评职称还没有这项要求时,我们就有很多老师参加了,我也申报了各种研究项目,至于究竟为什么,我也不知道,反正不是单纯的行政压力吧。"

名校、重点学校这类学校教师的教师意向受行政干预较强。譬如 MG 说道:"如果没有评职和加薪的那些要求,我不会去学习和研究。"ZC、MG、MC、MX、ZX,在他们的元教学意向表现中以外部行政干预为主,原因在于他们在行政干预下的活动非常丰富,导致他们没有时间去主动进行学习、对话和研究。"每天其实每个教师都是很忙碌的,做完班级的正常工作,要做一些学校辅助性工作,每个人都负责一部分学生的社团活动。除此之外,学校经常会布置一些听课、听报告、写材料等任务,所以每天在学校没有时间去

学习;放学之后,还要处理家里的事情……"当前我国中小学教师工作负担重已成为常态,而造成中小学教师负担重的源头复杂多样,其中"检查评比等非教学任务""工作考核及职位晋升""学生学习成绩""薪酬收入""学生家长期待"等方面构成教师负担的最主要来源。[①] 从实践表现来看,重点学校受其社会影响的压力,其教师的负担比普通学校教师更重。工作负担过重,不仅会影响教师的身心健康,影响教师对教学的投入度,更重要的还会影响到教师对教学的判断能力,进而影响教师的专业发展响。

从表4-6可见,普通学校教师的元教学意识更多来自教学需求和自我成长的需求,尤其是对条件差的学校,教师希望通过这些元教学行动让自己不断获得成长,获得改变教学环境的机会。

表4-6 元教学意向来源分类

元教学意向	外部行政干预	同行刺激	教学需求	发展需求
设计	MG、MC、ZC	ZG	PX、PC、PG、MX、ZX	
说课	MG、MC、ZC、ZX	ZG、MX、PG	PX、PC	
预演	MG、MC、ZC、ZG		ZX、PX、PC、PG、MX、PG	
学习	MG、MC、ZX	ZC、ZG、MX	PC、PG	PX、PC
对话	MG、MC、ZC、ZX	ZG	PC、PG、MX	PX、PC
研究	MG、MC、ZX	MX、ZC	PC、PG	PX、PC、ZG

三、学历水平制约着教师元教学意识的形成

从问卷调研的结果可以发现,学历水平越高的教师越能认识到元教学的重要性,其实践行为表现程度更高。从表4-4可以看出,研究生学历的教师在元教学行动上的普遍均值要高于本科学历教师,但是在教学预演的

---

① 熊建辉,姜蓓佳. 中小学教师工作负担现状调查与减负对策[J]. 中国教师,2019(09):72-75.

意识和行为、教学设计行为这几个方面没有显著差异,而在其他方面的表现差异比较显著。也就是说,高学历教师拥有更强的元教学意识和更凸显的元教学行动表现,这与教师对教学工作的态度有关,与教师感受到的负担呈正相关,拥有硕士及以上学历的教师比拥有本科学历及以下的教师感到负担重。[①] 有关"负担"一词的汉语词典的解释有三类:一是指费用或开支;二是指承受的责任;三是指承当,是指物质上精神上所承受的压力和担当的责任。教学负担应该是一种教师在教学工作中所承受的身体上的支出与精神上感到的责任与压力:如果仅仅是压力和支出,就会变成阻碍教学发展的绊脚石;如果是一种责任的担当感,就会变成教师的教学动力,成为促进教师元教学意识和行动发生的动因,于是教师的工作中就形成一个循环——工作态度越认真,教学负担感越重,元教学意识和行动表现也就越强。

另外,教师元教学意识和行动的学历表现差异性与他们对于教学的认识相关,研究生和本科阶段的学习的差异性表现在学习方式上,研究生阶段的探究式学习有利于让学生形成对一个问题的深刻的、辩证的理解。以教师为例,他们在研究生阶段所掌握的教学理论就不再是停留于理论概念的理解层面,而是把理论转化为实践、用实践来检验理论或者用理论来设计实践,就成为他们在研究生阶段的主要探究内容。因此,研究生学历教师相比本科学历教师的优势在于,他们养成了良好的学习和研究思维,其学习渠道比较丰富,学习方式多样,研究规范把握到位。在访谈中,9位教师其中3位有硕士学位,分别是MG、ZG、MC,正在读硕士的是PX、ZX,另外4位是本科学历。访谈中明显能感受到,3位硕士学位的教师对于元教学的相关知识非常清楚,他们很明确教学设计、说课、学习和研究究竟是什么。在意识和行动表现上,ZG做得比较好,其元教学决策更多的是一种探究式的、以己为基础的行为方式。而正在读硕士的两位在元教学意识和行动表现上都要高,他们能够理解学习、对话以及研究的重要性,有开展这些活动的决策意识和行动方式。其余4位本科学历的教师,他们关于说课、研究和学习多以观摩和模仿他人为主,没有主动的、自觉的那种创新教学意识和行动表现。PC、PG在谈话中表现出他们对于元教学行动的基本操作规范了解较少,对于研

[①] 熊建辉,姜蓓佳. 中小学教师工作负担现状调查与减负对策[J]. 中国教师,2019(09):72-75.

究感到比较陌生。

PC："说起研究,我也不知道该怎么做,一般都是模仿别人的,也不知别人怎么发现那些问题的……"

研究者："研究都需要先查阅相关的研究资料,把自己的研究建立在别人研究的基础之上,才会有新的发现……"

PC："我们也不知道别人都做了什么啊？……"

PG："你所说的那些研究方式我们也没有用过啊……"

由访谈可以发现,一些本科学历的教师由于没有受过专业的研究学习方式训练,对于学习资料的获得、研究方式的选取、研究工作的开展缺乏必要的策略。从访谈结果来看,硕士学历的教师和本科学历教师的差别主要表现在学习、对话和研究行为上。不过应当说明的是,虽然学历水平对元教学意识和行动形成了一定的制约,但这不是关键的影响因素,事实上,是可以通过外部引导和学校氛围建设对教师表现不足的方面进行干预和影响的。

四、教师元教学意向的内在动机不足

通过表4-6可明确发现,教师元教学意向的内部动机比较缺乏。关于设计、说课、学习、研究这4个方面,在重点学校表现出强烈的外部行政推动力量。教学设计虽然被大家广泛认可并且都在完成,但是提供书面的教学设计资料并不是教师们的意愿,这主要靠行政力量的推动,例如学校有每学期要检查教学设计的要求;由于说课没有被要求在课前完成,于是说课只能作为公开课程的一个环节,教师们只有在公开课时才会考虑写说课稿、说课,这就成一种变相的行政干预。学习的行政干预度较强,主要表现为教师们的学习都是在学校安排下进行的,例如参加外出听课、听讲座、交流等活动,这些学习活动都属于一种行政干预。在重点学校,教师的这种学习机会更多,MX谈道："学校安排的这些学习活动已经占满了我教学的空余时间,我根本没有时间去学自己想学的,而且有时这种学习还要占用教学时间……"和这种情况完全不同的是,偏僻学校由于经费和人力资源的不足,他们很难给教师提供这些交流和学习的机会,比如PX谈道："我们学校没有经费,也没人代替我上课,那我的学习只能靠自己看书、看文章了。"关于研究

的外部行政干预表现就更强,做研究、做课题现在成为中小学教师评职的一个必要条件。在 MG、MC、MX 等 3 位教师在访谈中提道:"要做研究,就必须要做我们学校承认的研究,或者学校规定我做这个,我就去做这项研究。"他们认为研究就是教学之外的一种额外的负担,由于要评职称和学校要求才做研究,而现在他们现在没有评职的需求,也没有加薪的可能,所以他们现在不做研究。

同行中的影响力对教师的元教学意向具有重要影响。ZG 和 ZC 这两位女教师作为同行中的优秀者,在业内具有一定的影响力,保持影响力成为她们教学前进的动力。而在这个保持中,来自同行的刺激,就成为她们前进的资源,她们关于学习、对话、研究的认识来源于对他人教学工作的思考,观察、申思、评价他人的课堂以及相关教学资料,成为她们获取刺激的主要来源。

通过研读他人的教学来反思自己的教学。"别人以为我很不在意他人的教学设计,实际上,很多情况下,我的教学灵感都是来自他们课堂中的那些设计,但跟他们不一样,我是把他们的设计稍微地改变了一下……"

通过他人的成果获取学习的机会。"其实,我们经常也看其他老师的研究报告,有时候这些青年老师的报告其实也给我们一个学习的机会,有的老师的研究报告真的很规范、很科学,我们也能学到不少……"

通过他人的激励获取学习的动机。"关于说课,刚开始自己也不是很清楚,看别人说自己也说。说着,说着,说着,当时在同行内说得就还不错。现在要把这些经验传授给他人,你(在同行中)承担了这个角色,你就要负责,所以后来就慢慢开始研究,说课是什么、怎么说、怎么说得更好……"她们的很多教学行为都是在这种刺激下经过自己的学习而获得优化的。

通过与他人的对话来对话自己。"我们经常跟老师们一起研课,一起讨论,听老师们关于如何上课、为什么这样上课的看法,有时候跟他们讨论或者争论某个观点的时候,就在想:'如果是我,我会怎么上,我的课堂是什么样子,我是不是也能做到像他这样。'这是不由自主地,因为有时候你要求别人(评论别人)了,你也需要保证自己能做到(好),这样你说话才有底气啊……"在与他人的交流中反思自己,反思自己的课堂行为及结果。

她们作为重点中学的优秀教师,在同行中发挥着表率作用,她们的元教学意向多受到他人的需求刺激,在交流、研讨等活动中把自己的观点与别人分享和讨论,这种需求成为她们成长的动力。

学生的刺激是教师元教学意向的重要来源。学生的刺激来源于学生自身的特征,他们的学习背景、学习特征、学习需求等,主要表现为学生对教学的需求和学生对教师的要求。

PX:"我现在做教学设计比较简单了,在我的本子上一些教学的流程,原来不是这样做的……"

研究者:"为什么? 你指的原来是什么?"

PX:"原来我在另一个学校啊,那些学生一个个反应都非常快,我要是做不好提前的一些预案,担心自己在课堂上给挂住……"

研究者:"那就是你现在的学生要求不高、反应不好了?"

PX:"是啊,现在学生基础比较差,他们整体反应也没有那么积极,你给他们讲多少,他们听多少,所以我的备课工作就简单多了……"

惰性在人身上一直潜存,一些人表现勤快是因为他们能抵御惰性,有更多的力量战胜惰性。而另一些人表现出懒惰是因为他们还没发现去除惰性的动力元素。从上述几种教师的元教学意向来源可见,当外界对教师本身形成的刺激度不够,或者教师的感受刺激度不够,就不会引起教师对自己教学进行反思,容易形成教师惰性;外在刺激够强,能够去除惰性,教师的内在才会形成动机,内在动机是由外在刺激引起的,外在刺激的接受度也受内在动机的制约,内在本身不需要某类事物或活动,其刺激度再强烈也不会引起内在的感受。因此不存在绝对的内在和外在之分,外界环境如学生、领导者、同行、社会等对教师教学的刺激以及教师对这些刺激的感知度都是教师元教学意向的重要影响因素,是影响教师形成内在教学发展动机的重要动力。

五、教师元教学行动决策单调

元教学决策行动主要表现为三个层次:模仿、融合和创新。元教学行动有一般的策略方法,每位教师对于这些策略方法的了解和执行会通过不同的途径来达到,这些策略途径能够真实地反映决策者的水平。模仿层次主要表现为教师依赖他人行为和观念的参照,缺乏个体特性的整合;创新层次是教师在理解各种一般行动策略的基础上,能够融合自己的教学特征进行加工和改编,策略表现灵活而多样;而融合层次则介于两者之间,没有明显的模仿,但也缺乏明显的个性创新。

表4-7　9位教师元教学决策表现

元教学决策	模仿	融合	创新
设计	PC、PG、ZX	PX、MG、MC、MX	ZC、ZG
说课	MG、MC、PX、PC、PG	MX	ZC、ZG、ZX
预演		MG、MC、ZC、ZG、PX、PC、PG、MX、PG	
学习	MG、MC、PC、PG	MX	ZC、ZG、PX
对话	MG、MC、ZC、ZX	ZG PC、PG、MX、PX	PX
研究	MG、MC、ZC、PC、PG、MX	ZG、ZX	PX

ZG:"以前做毕业论文用到一些研究方法和研究设计,现在的研究也用不上,早都忘记了。"

研究者:"那您怎么来做研究呢?"

ZG:"中小学教师研究要求比较低,我们经常发来一些研究任务,实际上也很少做详细的计划,都以自己的经验来整理材料,至于研究方法,那些太复杂了。"

整体来看表4-7,教师元教学决策的创新表现仍显不足。在设计、说课、学习和研究4个方面,机械的、模仿式的决策意识和行动普遍存在,这在说课中表现最为突出。5位教师说课都属于模仿型。他们关于说课的理论掌握得非常少,虽看了很多说课模板,但根本不清楚哪个是标准的。3位教师说课与具有创新性,1位教师属于融合型。关于学习的决策,多数教师的学习来源是学校强制安排的学习活动,所以他们会把学习看成一种任务或者一种负担,而ZC、ZG这两位老师的学习表现虽然也是一种任务,但没有成为负担,学习的那些活动让他们获取了更多的资源,让他们的元教学决策更具有创意;PX的学习方式区别于其他教师,是一种自我探究式的学习,学习主要来源是书籍、报刊。几类教师比较起来,自我探究式的学习源于学校资源的缺乏,也源于教师强烈的求知和发展欲望。而相反把学习当作一种任务,其根源在于学习资源便利与单一模仿式的学习方式之间的失衡。关于研究的决策,多数教师没有计划和方法,他们的做法就是完成其他研究者提出的具体任务,无法自己设计研究及完成研究任务。相比之下,两位在职读研究生的教师,他们有清楚的研究目的和研究方向,有详细的研究方法。那是不是读过研究生、受过专门的训练,就能够提高教师的研究决策能力呢?

两位重点中学教师,作为业内比较知名的教师,他们在教学设计、说课中表现出比较明显的创新,有自己独到的设计思路和设计意图,能够针对每堂课学生需求和内容需求进行教学设计。ZG谈道:"其实我一般不看教学设计电子稿,我都会在教学之前准备这节课的主要目标,有时为了调动学生兴趣,我会设计一些小游戏;我专注的是怎么样让我的课堂教学秩序良好、学生学习兴趣浓厚,所以一般不太会死板地按照书上安排的内容进行教学。"这两位教师在学习中也表现出和他人不一样的思路,他们不会作为被教、被培的对象去进行听课、听报告,他们是作为主讲人、作为评委参与同行的互动交流,他们会把这些活动作为自己的学习机会。ZG谈道:"看似我好像评别人课程、用批判的眼光评论别人的课程,在讲座中讲得头头是道,其实我有时回来,我也会在我评的那些课中找到设计的火花,在讲座讨论中发现我的不足。再后来,我有时会在不经意间就把这些学习得来的材料融合进我的设计思路中。"

两位小学在职研究生教师,他们在学习、对话和研究中表现出比较明显的创新性,对于这些活动,他们有自己的决策方式,并且表现多样化,和其他教师不同,他们在学习方面不仅仅会通过听课和报告来学习,还会通过资料的收集去了解最新的教学理念和信息;在对话方面,他们能够主动地跟同行交流自己的教学设计思路,讨论教学效果;在研究中,他们有自己的研究专题和方向,有基本的研究方法和策略。

教学经验丰富的教师在教学之前的元教学行为中决策来源丰富,决策方法的创新性表现较好;而研究生学历的教师在对于学习、对话和研究的教学决策中显得更具有创新性。由此可见,教学决策的选择与外界条件刺激有关,也与教师个人对教学的认识相关。

六、教师元教学知识浅层化现象凸出

元教学知识层面的问题主要从 6 个方面的知识维度去分析。元教学知识浅层化表现为,教师虽然知道一些元教学的知识,知道教学设计、说课、预演以及学习、对话和研究是什么,但他们对这些概念的理解层次仍停留于表面。其中,在教学设计上的表现就比较突出。关于教学设计的必要性,教师们都非常认可,关于教学设计是什么,答案包括"是教案、是教学流程、包含教学目标、教学重难点、教学过程",表现不一,他们的教学设计多数以简单教案的形式表现,不包含教学设计依据,在被要求的规范化教学设计中,可以发现其对于教学设计中的设计依据说明也不够规范和理性,经常是以经验来充实依据,缺乏理论支撑。关于说课,多数教师仅停留于模仿他人的样板上,只知道说课的基本要素包含"说教材、说学生、说方法、说过程"等,关于说课要素的规范和依据,教师们的表现比较欠缺,例如:在关于如何说方法这个问题,教师有如下回答:

"我看到别人说课时经常说到合作探究,那我也就说合作探究。这个方法现在经常用,就有据可循了。"

"探究、合作这种方法一般肯定要说,说出来让人会觉得你的设计很有亮点。"

"但是怎么说,我一般就是把别人的内容复制过来加入我的内容。"

同行之间的挪用和移植成为教师们知识积累的主要途径,教师们对于一些知识和行动的规范性缺乏钻研的精神,他们不会深入地了解方法背后的依据或选择方法的依据,都以他人做过的、自己见过的作为依据,他们对这些知识和行为要素的理解仍然处于表面意思和基本要素的知识层面,没有深入到这个概念涉及的原始理论以及子概念中去进行深入的学习和探究。而恰恰相反,追本溯源式的探究式学习是掌握一个必要而且未知概念的重要方式,没有对知识源头和本质的挖掘和理解,在间接的知识移植中会偏离知识的原本所指,容易形成对知识的误解和误用。对于中小学教师来说,追本溯源式的学习应该是指在经典的、专业的书籍或文章中去理解教学中的要领。

知识获取途径单一是在不同程度的学校教师中都存在的普遍现象。对于重点学校的教师来说,获取知识的途径主要来自外源式的学习,例如组织教师观看优秀课例、邀请专家进行学术报告、组织教师外出研修,他们主要通过校内、校外联合培养的方式获取新知识、增加新能量。相比较而言,由于普通学校邀请专家的频次较少,普通学校教师外源式学习的机会比较少,组织教师外出观课和研修的机会也不多。由此可见,重点学校教师接收外源如优秀同行、专家等的引导机会比较多,但是由于教学任务繁忙与外源式学习机会的增多占据大部分时间,导致其没有时间去进行内生式的阅读、自我反思以及研究。在学习资源中,重点中学虽有较多的资源和机会,但教师没有时间去阅读,普通学校面临的则是学习资源比较少的问题,PC教师谈道:"学校没有什么教育方面的书籍和杂志,我有时有一些想法,但也不敢做,也不知别人都怎么做,出去学习发现别人做得很好……假设这些研究成果的资料我们唾手可得,或近在眼前,即使我们没时间去仔细读,但长期的概念输入和影响,我们也会获得一些最新的教学理念和方法。"缺乏资源和学习引导是普通学校教师面临的重要困惑,即使有一些学习的想法,也会因资源获取不方便而无奈放弃。

第三节 中小学教师元教学行动影响因素

教师的元教学行动力不足,受教师自身经验、知识层次的内在因素影响,同时又受到了外在压力、环境的影响。

一、外在负担

教育负担过重影响教师的专业发展。教师的教学压力主要来源于自我发展需要、学生因素、工作负荷、领导与管理、职业期望等。[1] 其中,学校等级是影响教师教学压力的重要因素。重点学校教师教学压力相对普通学校较大,学生的考评成绩、升学率都作为考评教师的重要手段,末位淘汰制成为很多重点学校的潜规则,虽然大多数教师都很认可元教学行动对教学及

---

[1] 李夏妍. 中学教师职业压力源探新[J]. 教育导刊(上半月),2016(03):78-81.

自身发展的重要性,但是他们的行为却很难跟进,多数教师表示"没有时间或没有机会"。当教师在回答"有没有机会学习、研究"这些问题时,他们第一反应就是"太忙了"。

"每天6:30起床,7:30到校,检查学生到校、早读,课前看教案,课后辅导学生作业。除此之外,还要完成学校规定的诸如听课、评课等各项任务,根本没有自由选择的权利和机会,每天都忙忙碌碌,到晚上8点钟回家,已经精疲力竭了。就这种状态,有时学生的卷子还改不完,就得加班……学校经常会安排听课学习,对于研究也是学校下达的任务。"

现实中,受升学压力以及社会舆论的导向,教师的工作以学生的学习成绩为中心,以讲新课、批改作业、作业辅导为主线;学生的学习状况成为他们关注的焦点,尤其对于重点学校的教师来说,在超班额状态的工作环境和教学任务的强压下,教师负担尤为超重,大量的习题作业、课后作业的辅导,频繁的考试试卷批阅等都成为教师的工作负担。除此之外,学生管理工作的复杂化、教师评价的程式化、教师管理的呆板化,都成为教师负担的重要来源。由此导致重点学校的教师成天忙于应付学校的各种日常事务,难以有时间停下来进行自我工作的总结和深度思考。

相比之下,普通学校的教师压力较小,他们不会受到末位淘汰制的威胁,学生的考评成绩与他们的职称评定或晋级等关系不大,由于他们的学生学习成绩、积极性方面比重点学校要差,他们会更多关注学生兴趣的提升、教学方法的改进、学生素养的提高等这些问题。相比较重点学校"唯分至上"的评价标准,普通学校教师在教学方法上花费的力气更大,他们的发展力量更多来自自我内心的需求。

二、教师教育环境

首先,丰富的元教学知识是元教学行动的前提和基础,而知识的获取条件和机会受到教师教育条件的影响。从访谈中可以发现,重点学校的教师有更多的学习资源,他们获取知识的途径相较普通中学教师要更加多元,其学习是趋向于向他的一种学习途径。而相比之下,普通学校教师,尤其是比较偏僻的学校的教师,他们的教师教育条件相对较弱,他们的知识获取途径比较单一,在向他学习不畅的状态下,就只能趋向于向我的学习途径了。两类学校都各有弊端:普通学校缺乏外界的资源,而更多是自我创新的资源;重点学校具有优厚的外界教育条件,却失去了自我创新的机会。外界资源和自我创新这两种条件对于教师的成长来说都是不可或缺的,外界资源是一种参照,自我创新是自主动力激发的突破口。教师教育条件需要在两种资源下寻找一种平衡,即既观照外界的资源对自我的刺激,又观照自我内心的平静和自主发展空间的需求。

其次,教师文化氛围作为教师教育的条件,对教师的元教学行动有着重要的影响。教师的教学设计行为及其特点与学校的要求和整体氛围有密切的联系,在学校对教学设计做具体要求的情况下,教师的教学设计会比较规范和细致,如果学校模板比较专业规范,教师的设计就规范,而且教师也就理解了教学设计的内涵;在学校不做要求的条件下,教师的教学设计就会随心所欲,教师教学设计的理解浅层化比较明显。关于说课活动的开展,有教师谈道:"我们说课的开展要看情况,一般需要找到那种热爱教学、愿意倾听的教师,我们才愿意说给他听。""即使是师徒关系,我们也很少交流,有时对方不一定认同你的观点,也没有时间愿意坐下来听你的,教学是一个很私密的事情……""我们同课头的老师很少,一般也很难碰见,没有机会跟人家说我的思路。"这些话反映出教师交流氛围对于教师行为有着重要的影响。事实上,教师的学习和研究是需要一定条件的,如果整个学校的学习和研究氛围比较浓厚,而且学校非常注重引入新理念、请进教育专家,那么随着一些新词汇、新概念的引入,教师便会自觉地弥补自己的"无知"。

良好的教学文化氛围营造,一方面需要教学管理的组织和引导,需要通过教师文化建设的加强,为教师的学习和交流提供时空上的交流时机,通过集体感染效果来激发教师的专业发展动力,为教师发展指明方向。例如教师在教学行动之前是否会进行有效的教学设计这个问题,需要考虑到学校的要求和氛围,如果学校管理中对教师的教学设计不做要求,可能大部分教师都会忽视教学设计或使其流于形式。反之,如果学校做一些有利而不烦琐的规定,比如给教师讲解教学设计的重要性、提供教学设计的模板和样例,就能够促进教师开展有效的教学设计。另一方面良好的教师教学文化建设,需要教师之间形成一种和谐的情感氛围,以同事之间相互欣赏、相互帮助为情感依托,在教学过程中和在自身价值的追求中生成一种自觉交流的行动和自主要求。而相反,没有良好的教学学习氛围,同事之间就没有机会,也没有兴趣进行说课。

最后,教师教育者的水平也影响着教师元教学行动的落实。当问到中小学教师对教学中学习、对话和研究的践行力度时,MG 教师以及 JG(教育管理者)对当下的教师教育氛围表示不满,并主要谈到了教师教育者水平参差不齐的问题。MG 谈道:"现在很多搞研究的(教师教育者)根本都不从事教学,他们没有上过课,如何用自己的观点来说服我们?"该教师认为教师教育者只会空谈理论,对于中小学一线实践缺乏深入的理解,没有深度体会一线教师、中小学生以及家长对于学校教育的需求,很多理念不能落到实处,跟教学实践需求不能达成有效的链接。MG 教师对于教师教育者的偏激观点,与其自己接收的理念有关,也与教师教育者对于理念本身的解读有关,反映出一些教师教育者对于理论具体落地问题缺乏深入解读和研究,在与中小学教师的对话中缺乏对其深入的了解。ZG 谈道:的确,现在有些所谓的专家(教师教育者)总是讲一些老生常谈,根本没有什么观点,也没有做过规范的研究,他们的讲座很水(水平太差),对我们中小学教师的思想观念不会形成触动,反而会让我们觉得反感;一般往往一个理论、一个观点的形成可能要经历漫长而严谨的科学实验,而我们现在的专家都搞一些新鲜词汇来玩花样,吸引眼球,这是不能持久的,更不会触动教师的灵魂。JG 教师根据自己多年的经验发现了教师教育者水平参差不齐的问题,是受到了教师教育者对中小学问题研究的关注度以及关注域的影响,部分教师教育者有深厚的理论功底但对于实践缺乏体验,而部分有丰富实践经验的教师却缺乏理论上的探究,于是那些既有较强理论又能把理论与实践有机结合起来的教师教育者就非常少。教师教育者作为学习力强、研究经验丰富的代表,本应作为中小学教师的学习榜样,但在实践中其表现水平直接影响中小学教师对学习、对话和研究的态度。

三、矛盾的工作状态

矛盾的工作状态影响着教师教学的发展。教学设计、说课、预演被认为能够增强教师教学的针对性,有利于提高课堂教学效果,然而多数教师并不愿意把这些活动纳入自己的日常工作中;对话和研究被认为能够增加教学的反思性、促进教师的自我发展,然而这些行为却很少被教师实践。元教学行动和意识之间的差异,隐藏着教师内心和外在行为的矛盾,他们难以把自己认为积极的、优秀的做法纳入自己的行动中,而是在行动中采取了大家都一贯使用的套路来开展他们的教学,他们的行为偏离了内心所向。调查问卷的数据表明,教师的元教学意识和元教学行动存在显著性差异。针对这一问题,有教师谈道:"事实上,这些要素(元教学行动要素)都对教师自身发展有很好的作用,但在现实中难以做到,要完全按照这个(指的是元教学行动计划)来做,确实需要静下心,需要时间,慢慢地品味其中的道理。而现在这种快节奏的生活,学生和教师看的都是成绩,没有成绩就没有发展,所以我们只能为教育事业而叹息!"从这番话中可以发现,一般教师能够理解教育,但是被现实所迫,偏离了教育初衷,在这种矛盾的工作状态中教师的权威和威信也易受到影响,当教师的内心和行为发生冲突时,而为了让这种行为更加有理有据,他会不断地为自己的行为强加理由并有可能采取强制的措施。但是权威、威信是来自教师的内在生命,一旦教师靠法律或技术的强制力量过活,他们就无权威和威信可言了。[1] 矛盾工作状态对教师身心各方面的成长都不利,会影响人的正常判断力,从而导致一些不合理的行为产生,因此对于教师来说,在行为和内心矛盾的状态下难以谈及教学发展,真正的教育是要保持前台和后台的一致,形成自我认同,教学才会做到开放而具有活力。[2]

四、教学经验

教学经验相比学历在教学中的地位要显得有些逊色。35岁以下青年教师的学历层次普遍要高于35岁以上的教师,他们掌握的理论知识以及对新

---

[1] 帕尔默.教学勇气:漫步教师心灵[M].吴国珍,等译.上海:华东师范大学出版社,2011:33.
[2] 帕尔默.教学勇气:漫步教师心灵[M].吴国珍,等译.上海:华东师范大学出版社,2011:34.

形势的适应能力在某种程度中具有一定的优势,这就使得他们认为自己有比较优势的条件,他们完全能够胜任自己的工作。ZG 谈道:"现在的青年人都不善于听课,他们听上几节课,就认为自己懂得教学了,他们的学历一般比老教师要高,从内心上他们是有很强的优越感。"

从教学经验的丰富程度上来看,青年教师的经验要略显不足。数据统计表明青年教师元教学意识较弱,这首先是受外部环境的影响。青年教师的元教学意识比较淡薄,其重要原因在于,他们成长在一个经济开放、多元文化繁荣的时代,容易受到一些不良社会风气的影响,工作态度浮躁,急功近利,"多快好省"的经济意识也被他们带入了课堂教学中。

事务性的工作冲淡了青年教师的经验积累需求。青年教师元教学行动力表现差受到了事务性工作的干扰,PG、MG 以及 MX 等教师都谈道:"在教师群体中开展教学对话根本不可能,即使跟自己的徒弟,有时也不能和盘托出,一方面是现在青年人想法比较多,你说多了,他们不愿意听;另一方面是,他们也没时间听我们说,他们在学校每天事务性工作太多,下班了他们也有自己的生活……"MX 谈道:"学校每天的工作安排很满,没时间跟其他教师交流学习。"

经验丰富成为老教师行动淡化的挡箭牌。教学经验丰富的教师元教学意识都比较强,但是与他们的实际行动却相差比较大。ZG、ZC 这两位教师教龄长,都被认为是专家型教师,他们没有职业倦怠的表现,ZC 属于没有实际元教学行动但对教学可以做到游刃有余,ZG 是被要求有元教学行动,但其行动浅层化比较明显。ZC 谈道:"教学之前那些行动(教学设计、说课、预演)非常重要,我现在几乎不做了,这些我在青年的时候都下足了功夫……"关于教学之前的元教学行动,多数教师认为是青年教师需要重视的行动。

青年教师的元教学意识仍需在经验积累中增强。青年教师对于教学之前的行动认识、行动表现都存在深度不够的问题。以 PX,MX,PC 这 3 位教师为例,她们都是属于年龄在 35—40 岁之间的一线青年教师,从访谈中可以看到,她们在教学之前也做了一些具体的准备工作,关于教学设计、说课和预演活动都有不同程度的实践行动,并且主要是受到学校教学评优的触动,所以他们相对于老教师而言,展示教学设计、说课以及进行预演的机会更多。但是他们对于这些活动的认识仅停留于浅层,其操作的机械性相对较高,例如:她们的教学设计仅仅表现为教学流程或教学流程+经验说明;对于说课采取的策略就是模仿,对于说课中的具体微观要素缺乏深入的个性化的教学分析;对于教学预演,虽有简单的构思和梳理,实际行动力却还远远不足。她们的元教学行动和意识更多来源于外界环境的压力,机械操作成分较多,探究力仍显不足。青年教师存在的这些问题与他们未有充分的教学体验有关,随着经验的积累以及元教学行动的常态化,当他们能够发现元教学行动之于教学的重要性时,真正的元教学行动才能发挥作用。

第五章 元教学行动凸显者的特征

第一节 元教学行动凸显者特征(教学前)

教学应该是一种有意识、深思熟虑的行为,这种行为应该是对教什么、学生怎样才能学得最好做出深思熟虑之后产生的。[①] 教师的行为是以教学为中心,以学生的学习为目标指向,围绕着教学行为、为了教学行为的有效性,教师在教学前所发生的一系列的行为活动,都旨在引导教学之有效性,从而形成了一个有效的教师行为设计系统。因此,有效教学行为的发生,是一个系统化的过程,不仅能通过教学之中行为本身改变而实现,而且教学行为本身的改变也需要其他行为做支撑条件。在不同教师身上,教学之前在行为表现具有一定的差异性,主要源于教师的行为意识、行为理解和行为设计的合理性等方面的差异。从教师 ZG1 和教师 PG2 的元教学行动表现中,可以发现两位教师的不同之处,也能反映出教师在元教学行动中的普遍问题。普遍问题主要表现为,行政干预是教师行动的主要影响因素,教学预演、说课以及课堂对话这几种行为在教师的日常教学中普遍缺失,它们只出现于特殊场合,这几种元教学行动的表现与前章大范围的调查研究结果相符。但是他们两人之间的差异表现,能够反映元教学凸显者在教学之前的表现特征。

一、行为目标明确

元教学凸显者能够从系统角度认识教师行为要素的复杂性,能够利用

---

① 克里克山克,贝勒尔,梅特卡夫. 教学行为指导[M]. 时绮,等译. 北京:中国轻工业出版社,2003:105.

系统行为之间的互动来理解教学行为,并为教学行为的改进和为自己的发展提供服务。他们的行为表现为目标明确、方法得当。

教师行为与行为目标两者之间有交叉,但又有本质的不同。教学行为目标要素涉及学生和学习成果,学生的理解、学习成果的判定等,都会影响教师行为目标的确定和行为方式的选择。教师行为目标要素不仅包括学生、学习成果,更重要的是包括教师自己、教学成果,对于教师自己来说,教师的系统化行为能够提升教学行为的有效性,促进自己从生手到熟手、从熟手到专家的发展。在这个发展过程中,其作为教学成果的教学心得与体会在经历了理论与实践的验证后,能够获得社会认可,从而服务于教育、服务于社会。认清教师行为与行为目标之间的差异性,是保障教师的行为目标明确的最根本条件。反过来,教师行为目标的认识程度,也影响着教师行为方法的得当性。如果教师行为陷入教学行为理解的误区,教师行为目标就会以学生的学习成效为主要判断标准,教师行为方式就会以单纯的教学行为为主要的活动方式,失去了利用教师行为系统之间互动更新教学行为的机会,容易让教学行为变得机械化,不利于教学方式的改进和优化。因此,由于不同教师对自己,对教学成果、学习成效以及学生的认识有不同程度的偏差和缺失,教师行为关注点也就出现了不同程度的差异性。

教师行为目标明确是教师教学自信的外部表现,是引导教师获得教学发展的必要条件。教师行为方法得当是指教师能够选择或构建适当的方法来实现自己的目标。目标是方法选择的依据,方法是支撑目标实现的手段,两者之间的协调性是保证行为目标实现的重要条件。明确的行为目标具有3个基本要素,即行为本身(performance)、行为发生的条件(condition)和行为标准(criteria)。对于一个人来说,也就是知道自己要做什么,在什么情况下能做,这些行为的目的是什么。教师的行为目标明确是指教师在教学岗位上能够清晰理解自己的教学职责,能够寻找到达到目标的手段、方法和措施,并且在一定程度上能够通过创造条件实现自己的目标。元教学行动凸显的教师在行为上的典型特征表现在3个方面。

(一)未雨绸缪的行动意识

未雨绸缪的行动意识,是指教师在判断教学当下、过去以及未来之间的差距之后,意识到自身教学在从当下走向未来发展中的需要,并且愿意付出努力去满足教学需要。具有这种行动意识的教师,在教学中始终存在需求动机,他们的行为特征表现为,能够根据自身的发展以及教学实践的需求,知道自己长远的个人发展规划和目标,愿意并且能够把握住获取经验和成长的机会,潜意识地通过多元化的途径为自己的教学工作积累经验,并且有相应的措施和手段为实现这个目标奠定基础。

例如教师ZG1谈道:"现在有很多老师比较反感参加上级公派的一些培训或者研讨活动,但我经常主动要求出去,开开眼界……我们经常到东部沿海地区去进行学习,在学习中,我们明显地感觉到我们的教育落后于发达城市,感觉到教育需要创新,这其中教师的任务很艰巨,如果我不能紧跟步伐、及时学习,那有可能在某一天就会被这个社会淘汰。"

(二)发展性的行动目标

东部城市的教育在某种程度上代表着教育的发展趋势,能够为教师提供一些比较先进的教育理念和教育方法,对于西部地区的教师发展具有一定的导向作用。教师ZG1就是在受到这种外来刺激之后,认识到自身教学的不足和发展需求,从他的谈话中能够感到他对教育教学发展和创新的渴望以及他在自己工作中心存的危机意识。正是他的渴望和危机意识,激励着教师ZG1的行为发生了变化,该教师为自己制订了相应的读书、学习、进修等活动计划,在他的时间表上能够清晰地看见,他对教学工作的安排和个人研修的计划都有明确的时间准备(其中不乏个人的业余生活,他的生活计划安排井然有序)。他为自己设定了具体的学习方向,并且这个学习方向具有阶段性。在与他交流的那个学期,他的学习重心在微课、翻转课堂上,主要目标是设计翻转课堂、实践翻转课堂,并且他有把翻转课堂的教学经验进行推广的目标意识,这个举措主要受到外部(东部城市)学习的刺激,他谈道:"现在我们这里在数学课堂上用翻转课堂的比较少,我就想看看数学的翻转课堂有什么特别之处,能不能照着别人的做。"访谈之前的那一年,他一直阅读心理学方面的书籍,关注青少年发展的特点,他谈道:"我们的课堂教学方法很重要,对学生的理解更重要,很多情况下,我们的课堂教学方法不能解决学生的心理问题,对于很多学生起不到根本的触动,所以必须了解学生心理,想办法在课堂中找到学生心理的触动点……"他能够及时跟踪教育教学发展的动态,他的读书、学习等活动不但为他积累了教学经验,而且还把他个人成长经验分享给校内外的其他教师。从教师ZG1简单的行为规划中可以发现,他的行为中除了教学行为之外,他关注组织行为(涉及心理学)、关注技术行为(翻转课堂践行),他的行为目标不仅仅以学习成效为中心,教学成果的推广以及个人教学发展也是他行为的重要目标。

而教师PG2在个人的长远规划方面做的工作就相对较少。在他的个人规划中,他将"做一个好老师,做一个能够提高学生学习成绩的老师,努力评上高级教师"定为目标,这个目标比较真实。其目标要素主要涉及了学生、学习成效以及自己,缺乏教学成果产出与转化意识,在教学发展方面的定位比较模糊。关于目标的实践路径,当问到该教师一般除了上课都会有哪些活动行为发生时,他谈道:"批改作业,教导学生,出去听课、听报告等,每天都比较忙碌……"行为描述之所以简单,可能与他并没有丰富的教学规划有关。他没有像教师ZG1那样的教学规划,也没有教师ZG1的教学需求感和危机意识。为了更清楚地了解教师PG2的行为意识,研究中结合教师ZG1的回答又追问教师PG2:"现代信息技术比较发达、教育理念不断更新,面对这种现状你有什么想法?"教师PG2谈道:"我觉得技术再怎么发展也离不开教师,很多教师用技术,也用得不好,而且数学课中用技术更不好。教育理念嘛,我们一直都有培训,也接触过一些教育理念,但总感觉理念和现实之间的差距还是比较大的,很多新的教育理念在实践中不一定能有效。"从教师PG2的谈话中可以发现,教师PG2缺乏应用教育技术的行为意识,对于技术在课堂中的应用持有排斥态度;技术以及教育新理念对教师PG2带来的刺激不够,没有让他发现并找到自己的教学需求和不足,反而成为他拒绝学习的理由。由此可见,正是教师PG2缺乏发展性的行动目标,导致他的行为活动类型单调,行为目标不明确,行为缺乏规划,其教学之余的活动安排也都属于行政安排,对于教学之外的时间他没有规划,也没有形成自主决策的意识。

（三）知行一致的行为理念

知行一致在此指的是理论与实践保持一致,意识与行为保持一致。知是行之依据,行是知之表现,知与行是内心与外在的表达,知行一致表明人的外在行为是在内心驱使下形成、符合内心的需求,通过行为检视内心需求的合理性,通过内心反思行为的有效性,能够有效地促进行为的修正和优化,促进内心思想的丰富和发展。相反,知行不一致容易让人在陷入矛盾之后不听从内心的行动,会导致行为的混乱无序,从而失去条理,或者以谬论为行为做依据,不利于行为的改进和优化。知行一致的教学行动中反映出理论和实践相对应,知行一致反应教师行为的目标性和实践的方法性。教师能够切实地把理论设计的内容和标准实践于教学行动中,在教学活动中的主要表现是:教学设计中理论目标要求明确,行为具体、可操作,在课堂活动中能够有效地利用课堂提问、课堂互动、合作交流等方式开展课堂活动。但在实践中,由于教师的教学工作经常暴露在公共场合,接受着学生或同行或公众的检视,他们时时面临挑战。于是为了能够让自己顺利站在讲台上完成任务,教师会选择和内心背离,给学生展示一个看似完美的教学过程,这也就是课堂教学表演泛滥的成因之所在。事实上,教学除了表演,更多的是智慧的聚集,是思想的碰撞,专于表演的教学将失去碰撞与发展的机会,就会让思想的火花消逝,从而成为发展中的一大遗憾。因此,真正的教育者在讲台上应该是自我内心和外在行为上的绝对一致,通过这样一种一致行为让课堂充满活力,引导学生增长智慧。

知行一致表现为教师行为的目标性和方法性。ZG1谈道:"我尽量让自己理想的教学设计和实践中的教学设计达成一致,在实践中实现理论中的美好部分。在刚开始上课时,为了取得领导、同事和学生的信任,我经常会把一节课以表演的方式展示给学生,进行情境创设、问题提出和问题解决,但后来我发现这种过程有很多缺陷,它忽视学生的感受,所以我觉得教学并不是表演,教学是教师和学生一起教和学,一起进行思维碰撞,我现在经常试图抛出一个自己没有先前经验的问题,和学生一起思考讨论,只有在这个过程中,我才能真正成为学生的朋友。"从教师ZG1的谈话中我们能明显地感到,他经历了知行一致的协调过程,因为他发现知行不一在他的内心已造成了很大的矛盾,给教学带来了负面的影响。他敢于把自己的思维暴露在学生面前,让自己和学生共同经历一种悬而未决的过程,是因为他觉得这样做对学生是有利的,他正在试图获得内心和行为的一致。教师的知行在从不一致到一致的调节过程中,教师知的丰富性和行的操作性受到挑战,它需要教师利用知的丰富性确定行的目标,通过丰富的知识让行更具操作性和方法性,这个过程显示出教师行为目标的明确,并且能够用合理的方法来实现知行合一。

知行一致的教师行为有序,通过教师ZG1与其他教师的对比发现,此类教师对于日常的教学工作安排非常有序,各种教学行为是有备而发的,而非随心所欲的展示。教学行为标准明确,在备课、上课、课后反思、研修等活动方面都有可行的标准和参照对象,例如他们会以一种教学模式为样板,或者以一种教学理念为参照检验自己的教学设计及教学实践;在上课之余,会通过积累学生的信息、搜集教学资料、与同事交流教学现象等行为不断积累教学经验。教师ZG1谈道:"我上完课后,都要撰写课堂感受,有时候感觉写出来才能发现自己的问题,如果不写总觉得自己上课效果还不错。每天下午我会利用1—2个小时的时间批改学生作业、找学生了解学习情况;每天下午的后两节课我会集中时间进行备课和学习,经常是两者同时进行的,因为在备课中会有很多材料需要充实或有很多教育理念需要实践,我会查找相关资料再次理解我所需要的理念或材料,以确保自己教学设计的可操作性和科学性。通常在学期中旬,我会参加学校组织的研讨或教学研修活动,尽量把自己平时的积累展示出来,供同事学习和验证。"

教学条理化是以教师ZG1为代表的元教学行动凸显者的重要特征,他们通过条理化的行为设计,保证了行为与目标之间的一致性、行为与理论之间的和谐性、行为方法与行为目标之间的针对性。这类教师的教学行动已经在一种有意识的状态下形成了规范,形成了关于设计、上课、反思、学习和研究的规范,并且能够对这些活动进行合理而有序的时间安排和目标规划,保证活动行为的方向性和活动效率。另外,教师ZG1的反思行动还具有显性化的特征,反思行为显性化是指教师的反思行为不仅仅表现于内心,并且以文本的形式、通过交流的方式外化成自己的元教学行动,让自己的教学心得在暴露于公众场合的环境下,使其得到批判和修正,从而促进反思的深化和教学思想的深度凝练。反思行为显性化显示出教师在实现行为目标过程中的策略方向,也能体现出教师的行为方法。

二、元教学意识较强

元教学意识是元教学行动的前提基础,良好的元教学意识是元教学行动的推动力。在教师 ZG1 和 PG2 的比较中,教师 ZG1 的元教学意识表现远远要比 PG2 的明显突出,也反映出元教学凸显者的主要特征。

首先,元教学知识比较丰富。教师 ZG1 的元教学知识比 PG2 的更为丰富和全面,在教学设计要素中,教师 ZG1 的教学设计全面,他关注到了"教学流程的说明";在对说课和预演的认知方面,教师 ZG1 对这两种行为作用的理解较 PG2 深刻,教师 ZG1 在知道这两种行为作为检验教师教学能力手段的基础上,能够发现这两种行为对于自身教学具有深入理解和检视的作用。从 ZG1 在学习和研究中的行动表现来看,他已经具有了一定学习和研究的认知能力,掌握了教学学习和研究的方法,理解了教学学习和研究对自身教学发展的重要作用。

其次,元教学意向较强。教师 ZG1 对于学习和研究都有一定的兴趣,兴趣成为他意向的导向,能够在很大程度上引导教师从事学习和研究活动。教师 ZG1 在教学设计、说课的意向主要受到学校行政干预的影响,属于外在刺激对于意向的激励作用,在某种程度上,长期坚持的外在干预能够影响内在的认知,使得外在的干预变成内部的动机需求。教师 PG2 在元教学行动意志方面表现比较差,既没有表现出明显的内在需求,也没有明显受到外在行政干预的影响,不利于元教学行动意识的形成;内在需求跟不上,外在刺激不给力,长久下去,教师的知识、能力以及思想都会处于僵化状态,不利于教学的更新和发展。

最后,元教学行动决策丰富。总体来讲,教师 ZG1 的决策意识较强,决策方法比较多样。教师 ZG1 的决策方法除了传统的仿照借鉴式外,还采用探究式、研究式等方式,为自己的元教学行动寻找依据。在教学设计中,他不仅求助于教参资料和网络资料,还会考虑到已知的教学现象和方法,通过方法的移植和改造来实现教学设计的优化;在教学预演方面,教师ZG1在课堂教学之前主要通过隐性的教学预演形式把握课堂活动过程,他把教学设计的思想、方法以及内容融于理解记忆中,通过大脑回放的方式进行试练。而教师PG2主要通过熟悉教学材料,通过记忆的方法,试图记住教学活动的情节和流程,以便保障教学活动的流畅性。相比教师PG2,教师ZG1学习意识较强,学习较为专业,教师ZG1对专业性的学习网站有了解,其获取资料的方式不仅仅是通过"百度"来获得,他更知道"中国知网"是比较专业的资料收集网站,阅读教育书籍是获取教育理论与方法的重要途径,他的学习途径多样,学习资料的来源专业。而相比之下,教师PG2在谈到自己平时查找资料的途径时,他仍然选择通过"百度"来获取教学信息,对于其他的学习方式很少涉及。而且从其谈话中可以发现,教师PG2在学习的专业性和自觉性方面表现较弱。教师ZG1相比教师PG2的研究行动要强一些,在教师ZG1对研究的认识中,他有自己的研究兴趣和关注点,已经积累了一些初步的研究成果,而教师PG2对教研问题的认识比较模糊,研究行为表现不明确,还未有研究积累。总结以上几点,可以看出教师ZG1的元教学行动更加凸显、更加灵敏。

三、教学设计精细度高

教学设计属于元教学行动,教学设计本身能够反映教师对教学的理解程度以及教师的教学素养,而教学设计过程能够反映教师元教学理念的践行程度。下面将通过两位教师的教学设计样例展现他们的教学设计风格和内容。

(一)教学设计样例

教师ZG1采用表格式的教学设计。

表 5-1　教师 ZG1 的教学设计样例(示例)

步骤	教师 ZG1 的教学设计样例内容	
	学习内容及流程设计	师生活动设计
导入新课	利用圆柱形玻璃水杯中的半杯水向学生提问,当杯体直立时,水面的边界是什么图形?(圆)当杯体倾斜一个角度时(水面与杯壁四周都相交),水面的边界会变成什么图形?(椭圆)如果用一个与圆柱轴线斜交的平面截这个圆柱,那么平面与这个圆柱侧面的交线是什么图形?(椭圆)通过课件展示生活实际中的一些椭圆形事物图片形状也是椭圆引入新课	从生活问题导入,让学生经历由具体到抽象的数学抽象过程,强化学生的数学思考意识
过程设计	复习旧知:圆的定义是什么? 圆的标准方程是什么形式? 如何推导圆的标准方程呢? 圆的定义是平面内到定点的距离等于定长的点的集合;圆的标准方程是 $(x-a)^2+(y-b)^2=r^2(r>0)$;推导圆的标准方程的步骤为建系、设点、列方程、化简。	激活学生已有的认知结构,为本课推导椭圆标准方程提供了方法与策略,同时提高学生的自学能力(第 1、3、5 组展示自主学习,其他组进行纠错)

教师 PG2 则采用了文字叙述性的教学设计风格。

样例如下:

(一)设置情景,引出课题

椭圆在我们生活中随处可见,我们都认识椭圆,但是椭圆是怎么画出来的,椭圆的定义是什么,椭圆的标准方程是什么? 为解决这些问题,这节课我们一起来探讨椭圆及其标准方程。

(二)新知探究

1.椭圆定义的探究。

提问:我们知道椭圆是一种与圆有着密切联系的曲线,那么我们是如何用一根绳子画出圆的?

活动:(1)在绘图板上利用图钉和绳子在画板上固定两定点 F_1,F_2。这两点间距离为 9 m,动点 M 到点 F_1,F_2 的距离之和 2a 为 15 m。

(2)改变两定点 F_1,F_2 间距离分别为 10 m 和 11 m。

2. 利用多媒体动画演示。

我们现在会画椭圆了,那么如何给椭圆下一个确切的定义呢?我们知道,在给圆定义时,我们要考虑圆上每一点所满足的特征,那么对于椭圆我们也要考虑椭圆上每一点的特征。

利用多媒体动画演示平面上满足到两定点 F_1,F_2 间距离之和为 2a 的点有无数个,而这无数个点连接起来就是一个椭圆。

问题:前面一直在画的是 2a>2,那如果 2a=2 或者 2a<2,又将会是什么图形呢?

3. 动画演示,得出结论。

4. 归纳椭圆定义(学生讨论归纳,老师总结)。

(二)教学设计差异分析

教师 ZG1 的教学设计要素比较全面,教师 PG2 的教学设计要素简单。教师 ZG1 的教学设计相比教师 PG2 的明显多了任务分析环节,其教学设计利用表格的形式,条理清晰地展示了设计步骤、教学活动及内容、学习活动设计依据 3 项内容,在阐述教学过程设计流程的基础上,分析了教学活动设计的理论基础。教师 PG2 呈现的是一个简案,主要提供了教学过程及其流程,仅阐述了具体的教学活动和内容,缺乏对教学任务的分析和对活动设计的理论分析,致使教学设计感不强,仍停留于简单的教案层次。

教学目标描述的差异性,反应教师对教学以及学科内容的理解和认知程度的不同。教师 ZG1 和教师 PG2 在描述教学目标、阐述目标与教学实践的关联度方面都存在着差异。

一是目标描述结构上的差异。三维目标是当前课程改革的主流方向,是以学生为本的教学理念的直接体现,重视学生活动经验的积累和情感态度价值观的培养。教师 ZG1 的目标描述中明显从 3 个维度上对学生提出了要求;而教师 PG2 的目标中仅涉及知识、能力和情感,忽视了过程性目标。目标设计要素的差异反应教师 ZG1 与教师 PG2 在对课程的理解、学生的理解以及学习内容的理解方面存在一些差异,教师 ZG1 关注到过程目标,能够理解过程体验和学习对于学生概念理解的重要性,把学生活动经验积累与知识能力的形成放在了同等重要的地位。

二是目标描述的科学性差异。教学目标描述一般既要表明行为以及行为条件,又要表明行为达到的目标,目标描述一般必须具备4个基本要素——对象、行为、条件、程度。教学目标是教学把课程理念转化为教学知识、把教学理论转化为教学实践的重要外在表现,教学目标的描述差异反应教师理论素养的差异。教师ZG1在目标描述中能很好地体现这4个基本元素,具有可操作性。相比之下,教师PG2的教学目标描述仅有达到的目标程度,缺乏其他3个元素,至于目标如何实现、通过什么方式或学习活动来实现都没有涉及,致使目标描述比较宏观、笼统,失去了在课堂中的操作指导作用。

三是教学目标描述和教学实践的符合度存在差异。由于教师PG2的目标没有载体,致使在教学中没有体现关于学生合作能力、解决实际问题等能力的培养,目标和实践的脱离,让教学设计失去了应有的意义。教师ZG1的教学目标有具体的知识和过程载体,有据可循,目标和实践结合得比较紧密,由于教师ZG1的虚践行为——设计,是建立在一定的理论基础上,这才使得他的虚践与实践行为表现出了更多的一致性。而恰恰相反的是,教师PG2的教学设计作为他的虚践表现,仅仅是经验的积累,缺乏理论支撑和系统完整性,使其设计与实践发生背离。事实上,在教学实践中,很多教师的教学设计都是虚设中的虚设,并没有成为教学实践的引导,更多地是为了应对上级的检查,缺乏对课堂本身的观照。从教师ZG1和教师PG2的教学设计对比来看,关于教学设计这项元教学活动,教师ZG1的设计理念、设计理论、设计方法、设计效果等的精细程度都要优于教师PG2,在一定程度上能够反映出教师ZG1的教学理解水平、理论基础都相对较高,从虚、实二元结合角度来看,教师ZG1的虚实结合度要高。

表 5-2　教学设计目标对照表

教师 PG2	教师 ZG1
(一)知识目标:掌握椭圆的定义及其标准方程,能正确推导椭圆的标准方程 (二)能力目标:培养学生的动手能力、合作学习能力和运用所学知识解决实际问题的能力;培养学生运用类比、分类讨论、数形结合思想解决问题的能力 (三)情感目标:激发学生学习数学的兴趣,提高学生的审美情趣,培养学生勇于探索,敢于创新的精神	(一)知识与技能目标: (1)理解椭圆的定义 (2)掌握椭圆的标准方程,在化简椭圆方程的过程中提高学生的运算能力 (二)过程与方法目标: (1)通过探究点的运动情况,经历椭圆概念的形成过程,学习在问题中发现数量关系,提炼数学概念的能力,由具体到抽象,从个别到一般的数学归纳的方法,逐步掌握数学概念形成的本质,提高学生的抽象概括能力 (2)学会动点轨迹问题的求解思路 (3)对学生进行发现问题、解决问题的方法指导,培养学生的数学素养 (三)情感态度价值观目标: (1)发挥学生的主体地位,让学生在动手试验中通过观察、思考、尝试、归纳、反思、改进最终形成概念,增强学生的问题意识 (2)重视学生的知识获得过程,知其然更知其所以然,让他们在经历知识产生过程中找到学习数学的乐趣,激发学习数学的热情

第二节　元教学行动凸显者特征(教学中)

本节通过对教师 ZG1 和 PG2 的课堂活动录像进行编码分析,从不同方面论述元教学凸显者的特征表现。

一、课堂提问关注思维

(一)课堂提问类型

根据课堂开展的顺序以及教学对思维层次的要求,课堂中的提问按照思维层次由低到高主要包括追忆型、关系型、概括型、引申型和反思型5类[①]。

追忆型提问的目的是通过问题让学生回忆或巩固旧有知识,为自然引入新知识提供阶梯。追忆性提问不是为了回忆而提问,最好是和新内容有关联,关联越紧密,这种问题的效果才会越好。例如《椭圆及其标准方程》这节课开始,教师ZG1采用追忆性问题:"如何画一个圆?"引导学生通过对圆的回忆联系椭圆的知识学习;在教师PG2的课堂中,在学生推导椭圆标准方程时,教师不断提问学生:"能否直接平方?如果平方会有什么结果?"利用追忆性问题来不断提示学生走向正确的解题方向。一般地,追忆性问题的应用对于新知识的学习具有引导和提示作用,经常会出现在课前开始阶段,追忆能够有力地建立起新旧知识之间的链接。但学生刚开始上课的前段时间,注意力相比后段时间要好,如果追忆性问题单纯为了检查学生上课所学内容,那无疑浪费了宝贵的注意时间,耽误新课的进程。因此,并非每堂课之前都要使用追忆性问题,一些原始概念没有旧知识的支撑,可直接采用其他适当的方法引入。

关系型提问通过问题建立新旧知识之间的联系,帮助学生形成新的认知结构,是教师引入新内容的主要形式。新的内容如何纳入学生原有认知结构进行同化或顺应,其重点依赖于旧有知识结构的支撑,依赖于教师在新旧知识之间建立的桥梁是否合适。关系型提问重在通过问题的铺垫,为知识之间的联系建立桥梁,刺激学生寻找知识之间的异同,或者是新旧知识之间的关系,从而引导学生更好地把握要学习的新内容。例如在椭圆概念建立过程中,可以由"圆的特征以及标准方程入手"给予学生问题解决的框架和依据,从圆的概念和公式来迁移探究椭圆的公式。

概括型提问是指问题要从直观的、具体的、微观的材料逐步指向更加宏观的、概括的、抽象的数学对象。这类问题起点具体,问题层次明显,问题指向概括化,能够锻炼学生的概括性思维和抽象概括能力。数学问题

[①] 尚晓青,杨渭请.促进高效数学教学的课堂提问策略[J].数学通报,2013,52(01):35-37,39.

多数抽象程度比较高,在教学过程中,概括性问题作为对抽象问题理解的铺垫,要以尊重学生的认知发展规律为前提,用一些指向抽象性问题理解的概括性问题作为阶梯,让学生经历一个由简单到复杂、由具体到抽象、由特殊到一般的活动过程,使其真正理解数学。例如在椭圆概念的初步形成中,为了建立椭圆的抽象概念,教师借助生活题材,通过展现各种类型现实的椭圆物体,借助丰富的直观材料,让学生发现现实中椭圆的存在。在此,教师利用概括性问题相当于为学生搭建了一个能够看到椭圆的梯子,从认知上拉近学生现实与椭圆之间的距离。另外,在椭圆概念建立过程中,教师建构了一个从现实到表象、从表象到抽象之间的转化过程,通过概括性问题的引导过程,让学生基于生活素材概况发现椭圆的特征,形成关于椭圆的初步表象。

引申型提问是从问题的深度、宽度和广度上对学生思维提出的要求,其目的在于培养学生思维的灵活性。这种问题的提出是在基础数学问题解决之后而形成的,它需要教师对基础问题的不断挖掘,通过提出一些具有迁移性的、深层次的问题,引导学生的思维走向深刻;通过对问题条件的改编和加工,让任务解决范围更广,让学生的思维更加发散。引申性问题起点高,问题具有一定的挑战性,问题的延伸可能较广,没有边界,提问需要考虑到教学对象的可接受性。

反思能促使学生的思维更加缜密,促使学生的认知结构建构良好,反思会让学生变得越来越聪明、越来越会思考问题。反思型提问,是数学课堂中必不可少的一环,它可出现在问题解决之中,让学生时时刻刻保证思维严密,监控学习过程,让学习方向性更明确;反思性问题也可出现在问题解决之后,让学生从整体上来思考问题解决的思路是否合理,问题解决是否是最优化,问题结果是否可再延伸,等等。例如教师在学生解决完一个问题后可以这样提问:"在运算过程中你的感受是什么?是不是比较麻烦?再看看另一个同学的解答,他的优势是什么?"让学生通过发现问题解决的复杂之后,来探索优化的问题解决方案,通过优化探究进一步锻炼思维的缜密性和深刻性。

(二)问题统计与分析

研究中从追忆型、关系型、概括型、引申型、反思型、判断不需回答等6个维度,对两位教师课堂提问内容进行统计。两位教师课堂教学活动中提问类型的统计如表5-3所示。

表5-3 两位教师在课堂问题类型的统计(以次数为单位)

	追忆型	关系型	概括型	引申型	反思型	判断不需回答	总计
教师 ZG1	6	10	13	6	4	4	43
教师 PG2	8	14	8	5	0	4	39

(三)课堂提问分析结果

教师提问的类型及数量,能够反映教师的教学观念、教师对学生思维的目标追求、内容的理解深度、教学调控和反馈效能。根据上述对课堂提问类型及数量的统计,两位教师在问题使用方面有共同的规律:关系型问题和概括性问题的数量相对于追忆型问题以及反思型、引申型问题要多,课堂提问的重点显示出教师教学的重点,其都在于建立新旧之间关系和培养学生的归纳、概括思维能力。教师ZG1和教师PG2不同之处体现在问题使用类型、问题出现的频率差异较大,这些差异反应两位教师在教学观、学生观以及教材观上具有一定的差异性,同时也显示出教师ZG1对学生思维发展的关注度较高。

一方面,教师ZG1提问弹性度较高,使得学生的思维空间更加自由自主。一般地,教师教学过程的弹性程度不同,学生所获得的自主空间范围不同。在公式的推导和概念的理解上,教师PG2的关系型问题较多,其数量远远大于概括型问题的数量,概括型问题使用频率较低。两种问题类型比较起来,关系型问题难度较低,其答案通过关系链接和关系移植就可获得;概括型问题难度较关系问题高,相对于关系性问题,概括性问题需要学习者付出更多观察、归纳和分析行为参与思维。关系性问题空间已经限定,学习者依据教师给出的路线进行思考即可,由于思考方式、思考内容以及方向已经确定,学习者没有选择的机会;概括性问题为学生提供的自主空间比较大,其问题仅给学习者提出了"获得某种结果的因素",学习者需要自主采用观察、归纳、分析等方法来概括这些已知因素才能获得结果,其中"由因素到结果"这个过程中的活动行为是由学习者自己决定的。因此,概括性问题的采用是判断教师给予学生自主学习机会多少的主要参照。教师 ZG1 的概括性问题远远多于教师 PG2 的,两位教师给予学生自主活动空间具有一定的差异。教师 PG2 给予学生自主理解的机会较少,主要是作为课堂活动的引导者而并未发挥其作为组织者、参与者和合作者的角色,没有适当地在课堂中放权,致使学生的思维始终跟着老师走,没有自由发挥的空间。

相对于关系性问题,追忆性问题思维要求更低,对于学生思维锻炼更单调,关系型问题建立的学生学习空间要比追忆型问题大,教学过程的弹性化程度更大。下面以椭圆标准方程的推导、几何意义的认识过程为例,展示两位教师使用问题的类型以及情景。

教师 PG2 主要通过关系性问题和追忆性问题,进行逐步预设,帮助学生以小步子逐步上台阶的方式完成任务,在椭圆方程的推导中,教师 PG2 主要用了以下问题:

当学生已找到推导标准方程的思路、获得基本的方程:

$$\sqrt{(x+c)^2+y^2}+\sqrt{(x-c)^2+y^2}=2a$$ 时

教师 PG2 开始用一系列问题引导学生整理这个方程:

怎么化简?(追忆型)

能否直接开方?(追忆型)

如果平方会有什么结果?(追忆型)

如果有根式,怎么办?(追忆型)

每个问题,教师都给出了学生思考的方式、思考的内容和方向,学生只需根据教师提供的方法去进行计算就可获得方程式。也就是说,在这个过程中,学生仅使用计算思维和方法,便可获得关于对椭圆方程的认知。

在推导椭圆标准方程的过程中,教师 ZG1 采用关系型的问题给学生指出活动的方向,让学生自己探索并形成知识链接。他没有采用过多的追忆型问题,而只是采用了一个关系型问题:"能否根据圆的标准方程推导步骤得到椭圆的标准方程呢?"以此引导学生小组之间讨论完成,把这个问题交由学生来完成。这个问题对于学生并不陌生,学生在学习圆的标准方程时已经经历过,过多的讲述和引导只会降低对学生认知和思维的要求。该问题的讨论能够有效地激发学生建立新旧知识之间的联系,让学生的主观能动性得到充分发挥。事实上,教师 ZG1 在椭圆标准方程的建立中花费的时间与教师 PG2 相当(10 分钟左右),从在有限的时间内获得的知识量来说,两个班级的学生没有差异,从学生思维方法训练的角度来看,教师 ZG1 班级的学生获得的思维锻炼机会更多。从过程体验来看,教师 ZG1 的班级学生过程经历更丰富,他们要经历知识搜寻、知识链接、方法链接以及计算技能锻炼等活动。教师给予学习的自主空间越大,教学调控技能要求也就越高。两位教师问题使用的差异,显示出教师 ZG1 的学生观要更加开放,教学调控效能要高于教师 PG2。

另一方面,教师 ZG1 的问题设计能够显示出其对学生学习能力培养的关注,相对教师 PG2,教师 ZG1 使用反思型问题的频率较高,教师 PG2 没有使用反思型问题。例如当学生理解了基本椭圆定义、学会了基本椭圆方程推导过程之后,教师 PG2 并没有让学生在此基础上对椭圆方程的推导过程进行优化,忽视了学生思维能力再次获得提升的机会。而教师 ZG1 则在学生推导之后,通过问题来逐步引导学生思维的深化:

"推导过程靠的是什么?"(反思型)

"仅仅依靠运算能力就能发现椭圆的标准方程吗?"(反思型)

"在这样的运算过程中你们的感受是什么?是不是比较麻烦?"(反思型)

"再看看另一个同学的解答,他的优势是什么?"(反思型)

第一个反思型问题让学生纵览全程,目的是让学生从思想方法上总结椭圆方程的发现过程,当学生在仅限于推导中的运算过程时,教师又提出第二个问题让学生认识到这个问题解决依赖的不仅是运算能力,还有比运算能力更丰富的能力——知识的迁移能力,数学的化归思想、转换思想等都在这个解决过程中有所体现。利用这两个问题,教师就可让学生通过回忆过程来总结解决问题的思想方法,从而能够有效提升学生学习的思维水平。第三个反思型问题追求的是数学简洁美,目的是首先让学生了解解决问题的复杂性,发现过程复杂与结果的简洁性之间的矛盾,进而刺激他们寻找优化问题解决路径的方法。第四个问题是在激发学生形成认知矛盾冲突的基础上,引导学生通过另一个学生的简化方法,来审视原来问题解决过程的复杂性来源,通过两者的对比,发现数学问题的本质,优化问题的解决思路。这一系列的反思型问题,也给学生的元学习提供了参照模板,通过回忆问题解决的推导过程、发现问题解决中的问题、提炼问题解决中的核心思想,再次达到优化问题解决思路的目的。反思型问题的提出,是教师训练学生元学习能力的重要手段,是教师间接引导学生优化思维的重要路径。反思型问题让学生理解:学习中可通过借鉴他人学习经验,总结自己的学习经验,可以在不断地反思、比较中优化自己问题解决的思路。

二、教师反馈有弹性

(一)教师课堂问题反馈的类型

当学生在课堂回答错误时,教师会有不同反应,这些不同反应对学生错误的纠正效果不同。教师处理错误方式主要有两类:第一类是指错误后面紧跟着教师的陈述,告诉学生这个答案是错误的,并给出正确的答案,不理睬错误,提供解释或线索,学生自动更正错误。第二类是指在错误后面紧跟教师的提问,重问一遍问题,澄清问题,问一个与问题相关的问题,提问或用来确认,换一种提问方式,叫学生解释。[1]

(二)教师反馈的统计与分析

1. 教师 ZG1 的反馈富有弹性

反馈形式的丰富性和艺术性是教师调控能力的积极表现。教师 ZG1 的课堂教学反馈采用了重复回答、提供解释、紧跟提问的多元方式,在对学生的反馈语言表达以及行为体现中关注到技巧性。教师 ZG1 的课堂中,学生回答问题过程中主要出现了 3 类错误,教师 ZG1 根据学生以及问题的具体情况,采用了 3 种不同的应对策略。

第一次错误出现在小组展示的过程中。

教师提问:"椭圆是怎么形成的?"

学生的回答是"一根绳子绕着两点运动形成"。

显然学生的这种表述不精确,并未达到教师的预期。此时教师 ZG1 并没有表现出明显的态度变化,也没有直接给予肯定和否定,考虑到这个问题不是由学生不理解而是由学生表达不清楚造成的,教师微笑着,用清晰的语言把学生的回答再次用语速较慢、语调较高的方式重复了一遍。随后,学生很快意识到自己出错了,并及时进行了改正。这是一种慢速回放错误的处

---

[1] 黄荣金,李业平. 数学课堂教学研究[M]. 上海:上海教育出版社,2010:14.

理方式,在慢速回放中,通过对错误中的关键点进行改变声调、语气、语速等策略,引导学生注意到出错的根源,找到解决问题的方向;通过慢速回放学生答案的方法,给学生预留充足的思考和判断时间,让学生有再次修正错误的机会,这样既能保护学生的积极性,也能充分激发他们的能动性。需要注意的是,这种方式应用的前提是要充分考虑学生的水平和问题的难度层次,一般在学生有能力、问题难度不高的情况下,慢速回放的效果更佳。

第二次的错误出现在小组展示中,其中有一个小组在板书上展示椭圆的定义中写道:"平面内到两个定点 F_1、F_2 的距离之和为常数 $2a$ 的点的集合叫作椭圆。"这种类型的问题属于表达不全面,是学生漏写了基本的条件常数大于$|F_1F_2|$。准确的表达应该是:平面内到两个定点 F_1、F_2 的距离之和为常数(常数大于$|F_1F_2|$)的点的集合叫作椭圆。此时,教师变换了一种回应方式,让其他同学判断发现并给出正确的解答。这种方式和前一种比较起来会显得没有给出错的学生留有机会,其艺术之处在于,这是小组展示环节,在小组成员展示过程中,理应由全体小组成员共同参与判断。教师在此处所用的方式可以向学生输入一个信号:小组要有合作意识,通过合作保证小组任务完成的质量。此外,这种回应方式能够达到重点问题加强提示的效果,作为定义的判断条件一般都会被学生忽视,此类问题比较普遍,采用让全班同学判断,有利于达到以此问题来警示其他同学的效果。

第三次错误是教师提问:"如何在画椭圆的过程中建立直角坐标系?"

学生回答:"以椭圆的中心为坐标中心,以椭圆的长轴和短轴为坐标轴……"

此时,学生只是在表述上脱离了概念已有的条件。教师回复的方式采用再次解释问题,加强"建立直角坐标系"这几个词语,然后再让学生解释,在解释中让学生明白如何用语言来进行精确的表述。这个问题的处理可能会使学生在课堂中有一种挫败感,而教师 ZG1 所采用的技巧是要给出错的学生预留一次机会。紧接着,在后面提出问题"建立好坐标轴后,如何来推导椭圆的方程",教师又重新把这个问题交给刚才出错的学生,让他通过对这道题目的解答弥补刚才的失误,这种做法不但保护了问题回答者的自尊心,建立起了学生的自信心,而且对其他学生也有较好的辐射作用,让学生不再惧怕回答错误,有利于让学生建立起回答问题的自信和形成勇于思考的习惯。

2. 教师 PG2 的反馈比较拘谨

教师 PG2 对于课堂中的错误回答采取了"教师提示、学生发现"的方法。教师 PG2 对于课堂问题的处理过程反映他对于问题解决的急切心理和对于错误的恐惧心理(两个教师的课堂都属于学校正常的公开课),这从课堂中教师对学生出现的 2 次回答错误处理情况就能发现。

第一次是在推导椭圆方程时。

教师问道:"能否直接平方?"

学生鸦雀无声。

教师再次提问:"如果平方,会有什么结果?"

学生回答也很无力,听不到学生的声音。

教师又问道:"是不是还有根式?"(提示学生解决问题的方向和答案)

在这一连串问题中,教师采用的问题是步步逼近,问题隐蔽性由强到弱、问题由难到易,利用问题给学生搭建理解的阶梯,而当学生反应不出来时,教师直接通过"在问题中隐含答案"的方式进行提示,这是最低层次的问题。虽然教师 PG2 具有一定的提问引导语知识,但是这种对于问题的处理方式和过程,也暴露出该教师在教学调控方面的准备工作不足和当场反应能力较弱。其二,问题回应时间预设不足,教师在提出问题时没有给予学生充分的思考时间,使自己处于"急于求答而不成"的境地。其三,问题本身的预设技术较差,教师 PG2 设计的问题范围过大,难以让学生明白问题的焦点。其四,教师 PG2 当场反应引导缺乏艺术性,对于问题答案的明暗隐蔽性缺乏合理设计,导致学生在理解和作答时出现困难,为了引导学生获得正确答案,教师又提供了一个"隐藏答案于问题之内"的最简单的问题。这种情况相当于教师自己提问自己解答,使问题解决的过程对学生的思维触动不大,"知道答案、获得答案"成为学生们在这个问题中的主要收获。

第二次学生的错误出现在研究椭圆标准方程中几个参数的关系时,师生互动过程如下:

教师:"MF_1、MF_2 之间有什么关系?"

学生回答相等、相交、垂直等关系。(回答错误)

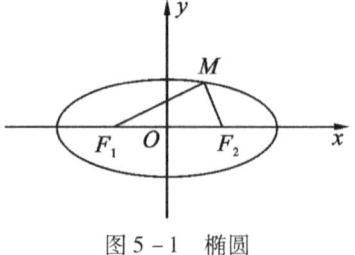

图 5-1 椭圆

该问题应该表述为:"两条线段 MF_1、MF_2 长度与哪个量之间存在关系,其中有没有等量关系或者定值存在。"正确答案应该是:"$MF_1 + MF_2$"之和是一个定值。教师 PG2 在这个问题没有得到正确回答时,采用的方式是等待——等待其他学生回答,但是有 3 个学生回答了 3 种不同的结果之后,教师 PG2 并没有采用其他的策略,例如变换问题、设置问题提示语来引导学生发现线段之间的关系,而是开始给学生解释:"这不就是我们画图时那个绳长吗?"实际上,这个问题难度并不大,在教师演示椭圆的形成过程中,这两条线段之间的关系已经非常明确,导致学生回答不正确的原因是教师设置的问题范围太大,指向性不明确,学生给出的答案也不算是完全错误,在椭圆的形成过程中,这两条线段之间的确存在着"相交、垂直和相等"这 3 种关系。所以,问题内容应该明确指向这几个问题:椭圆运动中不变的关系是什么?哪些要素发生了变化?哪些要素没有发生变化?对于数学研究来说,发现变化中的不变关系就是抓住数学问题本质的关键,这个问题表面上看是与教师提出问题的策略相关,实际上是与教师对数学理解的深度有关。问题范围设置过大,也可以通过后期的教学调节来实现,可以通过形象的过程再次体验来加深提示学生发现这两条线段潜存的等量关系。从教学调控的角度来看,教师 PG2 没有及时发现自己问题设置的失误,没有通过调节问题来引导学生理解,错失了激发学生积极主动思考的机会,也错失了自己理解数学本质的机会。

教师 ZG1 和教师 PG2 对问题处理的方式显示了两位教师元教学调控能力的差异。教师 ZG1 的课堂中能够通过问题引导学生个体以及群体之间互动,对于学生出现的不同问题能够调控自如,敢于也善于把问题判断的权利留给学生,为学生留足思考时间的同时,也为师生之间、生生之间良性的对话营造了宽松的气氛,因此,他主要作为组织者、引导者,调控着对话和学习的过程,让课堂活动和谐有序。教师 PG2 的课堂教学问题回应方式比较单一,课堂教学思维相对比较封闭,话语权和发言权始终掌握在教师手里,在学生出错问题时,教师引导偏差没有做出及时调整,出现了师强生弱、师说生听的现象,导致课堂中学生声音很少且没有得到应有的关注,课堂气氛比较沉闷。

三、教学活动开放有序

教学过程的开放与封闭是相对的,开放与封闭是共存于课堂中的,过于开放的课堂容易迷失教学方向,过于封闭的课堂容易限制学生的思维。因此,开放的教学过程应该是在一定教学条件支持和教学目标的引导下,通过创造一个有利于学生生动活泼、主动发展的教学环境,促进学生在积极主动的探索过程中学会认知。具有元教学行动的教师一般都会有较好的教学调控能力,他们对于开放的教学过程具有较高的调控技术,能够让教学在开放而有序的活动下顺利开展。

（一）师生关系开放

师生关系在教学中的表现主要是以"师生互动"为基础建立的关系,开放良好的师生关系是师生间旨在通过对话,建立的一种相互尊重、民主平等、情感和谐的关系。教师的角色也由知识传授者转变为参与者、组织者和指导者。课堂中的师生关系主要体现在教学方法的应用和师生的对话之中,这一点通过课堂中师生的语言就可获知。从教师 ZG1 和 PG2 的课堂中,可以看到明显的反映开放性师生关系的特征,师生之间的对话不拘泥于教师讲学生听、教师权威学生受教的关系,学生提问教师答、学生讲教师听是开放性师生关系建立的起点。

让学生做活动,给予学生以充分的体验活动的机会,"做"使得学生清楚知道要说什么、能说什么、会说什么,为学生与教师之间的对话提供载体;让学生展示,把学生知道的用语言、文字展现或解释给其他人,在师讲生听和生讲师听之间变换自如,避免师尊生卑的现象,让学生在讲中认识自己、发现自己,为其提出问题、为师生之间的对话提供线索;接下来,就是让学生问,鼓励学生问,才能形成生问师解、师生互动的逆转状态,避免单一、机械的师问生答形成对学生的误解。在教师 ZG1 的课堂中,教师讲授的时间远远少于学生,学生展示和讲解的机会较多,学生的自主能动性得到了充分的尊重。在这种开放的师生关系条件下,学生因为有发言和实践的机会,所以就会进行与教师对话的实践,而通过实践活动,他们也就会获得更多的理解和尊重。另外,表情语的应用、反馈方式的调节等措施,为师生之间进行平等对话创造了良好的心理氛围,尤其是教师在学生犯错时不但没有批评,反而是用一种鼓励语言或一个引导性的提示给学生以机会,让学生的自尊心得到最大的保护。

(二)教学方式多元

教学过程的开放性表现为教学方法的灵活多样,教师能够根据教学内容选择教学方法,在一问一答的对话之余,能够灵活选取引导学生开展探索、交流和讨论的方式,让每个学生参与课堂活动,调动学生的学习积极性。多样主要区别于单一,而不是毫无限制,教学方法多样是针对具体的教学内容和教学对象而定的,多样教学方法的运用能够显示出教师对内容的理解程度和对学生情况的熟悉程度,多样教学方法运用尊重学生认知的需求,能够让学生的听觉、视觉、触觉以及味觉等多个认知通道同时获取信息,有利于学生全面、深刻地理解知识。同时多元化的教学方法也能照顾到学生个体的差异性,避免单一教学方式引起的认知局限性,使更多的学生能够参与学习和理解知识,但多元化的教学方法设计需要教师拥有较高的教学技术技能和教学调控技能。

教师 ZG1 谈道:"教学方法的多样并不是把所有的方法都用上,在每堂课中都用交流、讨论,也不是每堂课都要方法多样,这种做法是不切合实际的,我们要尽量在教学中选择那些有利于促进学生学习和思维的方法,对于简单的概念问题不要展开过多的讨论,现代化教育技术也不是课课都用,要把它用在可用之处。"教师 ZG1 将多样性的教学方法使用得灵活自如,也是他具有较强的课堂调控能力的主要表现。

教学方式多元表现为教学互动形式多样。教学互动形式是指教师与学生在课堂中进行交流的形式,按照主体来分,主要包括师生互动、生生互动,在信息技术背景下,教学互动平台、时空都发生了较大的变化,互动方式也由直接变成间接,互动空间更由现场转向远程,互动群体由班级转向社会,教与学的互动可以借助于微信、微博、百度等各类平台展开,因而形式就显得更加灵活,在给学生提供获取信息和知识的物理环境的同时,积极引导学生开展自主学习和远程互助式的合作交流,有利于促进教师与学生的有效合作。同时,互动形式的多样性,让教师面临的挑战越来越大。

教师 ZG1 的课堂互动形式比较多样。在与其交流中发现,他在教与学的互动中尝试借助网络技术平台,利用网络技术的优势去探索尝试,试图减少网络对青少年的不良影响;鼓励学生通过网络平台获取自主学习的机会和权利,通过网络获取与教师、同学以及他人相互学习的机会,同时教师也鼓励学生与外界群体通过互动来理解学习。由此师生教与学的直接互动,导向了学生群体在网络上的互动。教师 ZG1 还善于挖掘一些课堂视频片段或录制自己的教学视频,实施翻转课堂,在教与学的互动中,教学活动场地由教室内走向教室外,让学生之间在课外进行充分的交流和学习。虽然学生的学习水平有高低之分,但课外互动的时空不受限制,能够给学生提供充足的时间和空间,从而使学生通过小团体、大集体之间的多层互动与交流,分批分阶段为学生提供掌握学习内容的机会,引导学生进行个性化学习,从而实现减轻教学的负担的目的。在信息化时代背景下,课堂上已不再是传统的师授生受的局面,课堂已经是学生在获取了各种相关信息之后进行思维碰撞的场所,传统的先教后学或先学后教的状态已成为过去式,生成的课堂是嵌入式的由需生学、由需生教的状态,教师通过把教学内容细化并镶嵌于各种资源内,让学生在课前利用数字资源选择适合自己的方式进行学习、交流,并获得对问题的基本理解。在课堂上,教师最主要的任务就是排解学生的疑惑,开展知识的整合,促进学生创新知识;在课堂之后,再次对各种知识间的关系进行梳理。

教学方式多元体现课堂活动类型多样灵活。教学活动的类型能够反映教师在课堂中的监控和调节过程,活动的时间长短反映教学活动类型应用的倾向性。教学活动的类型主要有教师讲解、师生问答、自主学习、合作交流。其中,讲解对于调控能力的要求较低,而合作讨论的方式对于调控能力的要求相对较高。讲授法的运用集中了教师的教学智慧和人格魅力,它能以学生积极而复杂的心理过程为基础,不受学习主体个人倾向的限制,并且能够脱离具体情境的限制,照顾到全体。[1] 师生问答体现了师生互动的教学理念,主要有两种方式——师问生答和生问师答,后一种方式更能体现学生的自主自觉性,而前一种方式有利于教师引导学生注意或者监察教学效果。自主与合作讨论式的教学活动需要良好的教学组织和教学引导,需要学习主体具有较强的自觉学习主动性和较高的学习能力。

---

[1] 丛立新.讲授法的合理与合法[J].教育研究,2008(07):64-72.

具体到两个课堂活动中,主要涉及讲授法、自主学习、合作交流、师生问答、学生展示等方式。讲授法是教师单纯的讲授,没有要求学生做出应答,主要应用在概念的巩固、重点问题的讲解方面;师生互动中教师在话语中始终以问题的形式来要求学生回答。从两位教师教学活动的类型以及活动的引导可以看出,教师 ZG1 课堂活动的开放程度更高。

课堂活动的类型能够反映课堂的开放程度,经过统计(见表 5-4),教师 ZG1 课堂活动使用的开放性活动类型多样,并且活动时间较长,有关的概念的总结、公式的推导、学生错误的纠正等都是由学生来完成。课堂活动中学生的活动时间涉及自主学习、合作交流,共计 19 分钟 30 秒,近乎占课堂总时的一半,讲授法和师生对话法共计 20 分钟 30 秒。教师 PG2 的课堂活动大部分时间主要是讲授法和师生对话法,共计时 35 分钟,关于动手操作和合作交流用时 5 分钟,主要用在让学生学习椭圆的画法以及让学生以小组为单位体验椭圆的形成过程中。虽然教师 PG2 采用了小组交流和探究讨论的方式,但是在教师 PG2 的课堂中没有给学生展示的机会,学生失去了在讨论交流中收获锻炼的机会。对学生问题的解答也主要以教师的讲解为主。

表 5-4 两位教师课堂活动方式及时间利用表

	讲授法	师生对话	自主学习	合作交流 学生讨论	合作交流 学生展示	总计
教师 ZG1	8 分钟 20 秒	12 分钟 10 秒	5 分钟	8 分钟	6 分钟 30 秒	40
教师 PG2	15 分钟	20 分钟	0	5 分钟	0	40

(三)教学引导灵活

课堂活动的引导过程能体现教师为学生提供思考空间是否具有灵活性。对一堂课教学效果的评判不在于每类活动类型时间的长短,不在于每类活动都要使用,而在于这些活动类型是否能够灵活搭配,是否能够有效利用时间,是否能够解决学生的困惑,是否能够完成教学任务。教师 ZG1 课堂活动充分尊重了学生的主体地位,也不失教师的引导性,在教学方式的转换中给学生的探索和发言提供机会,在问题引导中给予学生交流和互动的机会,这些方式在不同程度上激发了学生思维的活跃性。例如,他在自主学习法应用中用问题来激发学生的自觉能动性,通过对话在弹性化的问题互动中不断地调整着学生思考的方向,在讨论法中用任务给予学生思维的外化并获得不断调整和优化的机会,课堂中灵活自如地在不同的教学方式之间进行切换,给学生以充分的思考空间从而有力地激发学生思维的能动性,让学生思维的灵活性得到充分锻炼。教师 PG2 的课堂活动,以师问生答的方式为主,每一个问题的解决都先由教师的问题铺好台阶,学生跟随其后小步子走,课堂中的学生操作、交流讨论的方式失去了应有的意义,讨论交流的内容是"通过在木板中操作绳子的方式体验椭圆的生成过程",但是讨论交流的实际过程出现缺失——在观察椭圆生成活动之后,教师没有通过活动和交流来激发学生的主观能动性,没能引导学生在交流、讨论中学会探究和总结"椭圆的定义、性质",学习的结果更多的是获得一种教师讲授的复制而不是讨论的结果。关于椭圆的定义,教师没有给学生充分的生生交流和改进的机会,而是自己直接总结椭圆的定义、要素和性质。因此,教师 PG2 的课堂讨论流于形式,学生在交流活动中的想法没有受到关注,学生思维空间受到了限制。

四、教学语言艺术化

教学是一门独具特色的表演艺术,是由教师和学生之间的关系来决定的。教学语言的准、达、活、权 4 个要素展现了教师的语言艺术,能够反映教师在课堂活动中的协调性。"准"与"达"是指语言准确无误、通畅流利,这是教师教学语言的基本规范,而"活"与"权"则显示了教师个人的语言与教学素养,指的是语言要形象生动、情趣津然[①],考验着教师的学科知识向教学知识、科学语言向教学语言的转化能力。从教学调控的角度来分析,教学语言"活"与"权"的展现也是教师自检与监察活动协调的反映,是师生之间互动流畅的反映。在师生互动中,师生之间的相互理解与自我理解是实现沟通自如、互动通畅的基础,有利于教学表达协调。

教学设计是教师语言表达的基本载体,在教师 ZG1 的情景设计中,用"杯中水在不同状态下的表面形状"引入课题,其设计材料本身具有的形象生动性,为生动的语言表达奠定了基础;而教师 PG2 的教学采用了开门见山、平铺直叙的方式提出椭圆这个概念,虽然两者都表达了语言的"准"与

[①] 谭德姿. 教学语言艺术[M]. 杭州:浙江大学出版,1991:53.

"达",而教师PG2在"活"与"权"的语言表现中显得不足,这与其教学设计有关,与自身的教学素养有关。

(一)口语引导"准""权"有度

语言表达中的语气、语调、语速等也能反映语言"准"与"权"的特征,"准"表现在用词的精确和针对性,"权"通过语气和语调来传递,透露出教学的引导性,这些都对教学反馈和调控具有重要的影响。在一段较长的语言表达中,如果教师语言特征变化不大,语气始终如一,语调、语气不发生变化,就容易让学生产生听觉疲劳,不易引起学生的注意。而相反,如果教师语言特征发生变化但又保持稳定,学生会在语言特征落差中自觉搜寻关注的焦点。

关于椭圆的定义,一般的提法是:"那我们怎么给椭圆下一个标准的定义呢?"教师ZG1语言表述为:

"刚才给大家展示了看得见的椭圆,看得见代表我能用眼睛来判断……"(语速变慢)

"有时用眼判断可能会出现错觉哦……"(语调升起,又故意带点调侃味)

"数学讲的是科学性,所以我们需要用理性来判断椭圆……"(语气变重)

"怎么用理性来判断呢,就像我们判断圆是怎么判断的……"

"对,是根据它的定义性质,那么椭圆有没有这样的性质呢?怎么给它一个判定呢……"(微笑、语气变轻、语调升起)

教师ZG1在语气、语调、语速的变化中,给学生以提示,向学生输入了一个观念,最后在提出一个难点问题时,通过"微笑、语变轻气、语调升起"的调节,使得这个问题既受到重视,又不至于引起学生的紧张情绪。这个问题应该是新授课的开始,是整堂课的难点,而在这个问题的提出之前,教师在向学生传递"为什么需要解决这个问题""这个问题与已知之间的联系在哪里"这些背景信息,让学生认识到这个问题的重要性,又能获得解决问题的方向。教师ZG1的这段教学语言,体现了生活现象与数学现象、生活语言与教学语言之间的转化与协调,让学生在学习数学的过程中也掌握了生活中的哲理——理性与感性之间的辩证关系。

再来看教师 PG2 的语言表达：

"我们现在会画椭圆了……"（陈述语速平稳，没有语气）

"那么如何给椭圆下一个确切的定义呢？"（语气加重、语调升起）

"我们知道，在给圆定义时，我们要考虑圆上每一点所满足的特征，那么对于椭圆我们也要考虑椭圆上每一点的特征……"（陈述语速、语气、语调平稳）

平稳的语言状态没有平仄之分，缺乏抑扬顿挫之感。教师 PG2 在重要问题的提出时用了和前后语言不同的语气和语调，突出了课堂的重点问题。从其用词用境角度来看，此段语言中词和境都在数学范围之内，都在本节课以及相关"圆"的知识范围内，都属于数学语言，而缺乏向生活语言的转化。对于学生来讲，在语言用词用境没有落差的状态下，容易形成听觉疲劳，不易引起听觉的注意以及学习兴趣。

（二）体态语言既"活"又"达"

体态语作为教学语言的重要组成部分，主要包括教师的音容笑貌、表情眼神、手势动作，体态语传递着教学信息，是学生反馈信息的一面镜子，也对课堂教学发挥着重要的调控作用。体态语协调能够给学生带来和谐之美，让学生在美的意境中感受和理解教学信息。两位教师显著的不同就是，教师 PG2 的体态语单调或几乎没有，整堂课中，除了用左手指向黑板或用右手写字，以及提示学生注意的方向这些基本动作外，基本上是两手在胸下呈紧握的状态，在表情上也未出现明显的变化。

体态语的"活"主要表现为形式的丰富性，"达"则来源于课堂效果中。教师 ZG1 的表情、眼神比较丰富，且始终能保持微笑。微笑表达着教师的教学自信和友好，是课堂的入场券。目光视线的调节以及视像的关注也是教师 ZG1 课堂中的常态。眼睛是师生交流的窗口，学生能从教师眼中看到教师的思想，教师能从学生眼中看到自己的教学效果。在课堂中，教师 ZG1 的目光视线变化比较大，有平视，有环视（当需要关注全体时），有凝视（当需要提醒学生注意时），也有光亮的闪烁（当学生发现新问题时）。视像中有疑窦顿生——当学生发现水平面特征时，有恍然冰释——当学生回答出参数（椭圆公式中）的意义时，有期待和渴望——当学生解答椭圆定义的过程中，也有神情凝重——当发现有学生注意力分散时。

五、教学活动区域开放

　　课堂教学活动区域、活动方式、活动目的以及活动频率能够反映教师课堂教学的调控能力。活动方式一般与或活动目的相关联，包括巡视和关注两个方面。巡视是指向学生群体的一种教师检查和调控活动；关注是指向学生个体或者某些学生群体的检查和调控活动。两位教师比较，教师PG2的课堂中没有出现关注，并且巡视活动范围比较有限，而教师ZG1的巡视和关注活动行为使用频率较高，这一点从两个教师的活动区域中就能发现。活动区域是指教师在教室中活动所涉及的范围，和活动频率结合起来，能够反映教师在教室某个地点的活动时间和频率以及在教室活动的覆盖区域。教师ZG1和教师PG2在活动区域上表现出明显的区别，教师PG2的活动区域基本以讲台为主，教学活动中仅在学生讨论的5分钟内下了讲台，并且仅仅在前两排进行巡视，其余时间都站在讲台上；而教师ZG1的活动范围则在整个教室内，散点分布较为均匀，在课堂讲授和师生互动环节站在讲台上或讲台周围，通过走向学生提醒学生注意，通过在学生活动时间的教室巡视，观察、了解学生活动的情况。

　　两位教师比较起来，教师ZG1的活动范围比较大，活动频次较高，活动范围能够覆盖全体学生，关注到全体学生，有利于教师对班级整体学习的监察和调节。教师ZG1的活动方式灵活，有关注点，能够对教学中的一些个别现象通过自己的关注和巡视调节影响，如学生因没有回答出问题而显得有些焦虑，教师ZG1则走到学生身边轻拍学生肩膀，表达对学生的关注和鼓励；如当教师发现有学生注意力不集中、问题回答无效时，及时走到学生身边，以引起学生的注意。相比较而言，教师PG2的教学活动范围以及活动方式的应用，始终以讲台、黑板为中心，侧重于对自己板书和PPT播放的关注，而对于学生的关注显得比较少，反映教学调控中在监察自己与监察学生之间的协调性较弱，也反映教师上课中的情绪紧张。

第三节 元教学行动凸显者特征(教学后)

一、教研具有合作性

互动与合作交流能力是每个人必须具备的能力,互动与合作能够给人的发展带来机遇。教师的互动与合作意识是指教师在教学工作中善于与同行交流,能够让自己处于开放而具有挑战性的环境中,从而获得发展的动力。教师的教学互动与合作意识受到教学个性的影响,也与教师后天的成长环境有关。总体上看,个性比较开放的人善于与人合作、与人交流,但互动与合作的意识和能力也可在后天的工作环境中得以锻炼。教师的教学互动与合作意识较强主要表现在:具有开放的胸怀,乐意把自己的教学设计、教学实践以及教学心得和他人分享,同时渴望从他人那里获得真知灼见;具有团队意识,喜欢参与团体活动,并能在团队合作中发挥重要作用,例如在参与集体备课、集体研修等活动时,敢于并善于发表自己的观点。为集体成果献计献策。下面将介绍两个典型的教师个案,一位是调研中的教师ZG,一位是从事教育管理岗位的特级教师PX1,以更深入了解教学互动和合作表现力强的教师。

(一)先天性格成就

教师PX1,她生性开朗、直爽,学习经历比较复杂,是由中专到大专然后专升本,一直在学校表现比较积极,从普通教师成长为学科带头人,其成长过程具有典型的元教学特征表现。经过和该教师的谈话和交流了解到是性格成就了他,他善于与周围的同事分享教学经验,因而具有较强的合作意识和能力。据他讲:"在入职之初,我经常向自己的教学师傅请教学习,因而获得了最初的教学经验,在之后的教学中,忙碌、疲惫的工作状态让我没有多余时间,也不允许我去抽出专门的时间和其他同事交流,于是我就把自己的一些教学困惑化整为零,借用闲聊和休息时间,在自然状态下向我的同事发出问题,有时候可能一次并不能解决问题,我会再找下一个人,因为我相信总会有解决方法的。同时,对于他人向我提出的问题,我会毫无顾忌地给他们讲述我自己的想法和做法,这是一种双向互动的过程。也许有人会觉得这样做会不会让别人学走了自己的智慧,我觉得这反而是激发自己再创新奇迹的一个契机。现在,有了网络更方便些,我已经和周围能够认识的同行建立了各种关系,我可以随时利用各种手段与身边的朋友聊一些问题,我觉得和大家交流对于我来说,真的是一件很有意义的事情。"

好学好问成为教师 PX1 的主要优点,也让他有了更多的机会与他人交流互动,向他人请教,从而让自己多了一分收获和力量,同时也成就了他优秀教学能手和教学管理者的荣誉。多做多思成为他为人处世和教学管理生存的一种习惯,是互动和合作的基本原则。在 PX1 作为管理者的生涯里,他对每位教师的诉求、领导的吩咐、同行的求助都会认真地思考,从不会借故拒绝或排斥,他做的事情相比一般教师和管理人员更高。领导的工作交于他来做,教师完成不了的任务,他会帮助解决;同行需要,他会尽力实现,导致他感觉自己每天像是一个"陀螺",正因为这样,多做多思成了他的一种职业习惯。他认真对待每件事情,相比一般教师他看到的就越多,也就越远,他把每一次任务都当作学习机会。机遇本身就代表着进步和成长,尤其是在与大学教育者的合作中,由于他本人的做事风格,他的合作机会更多,他也为其他学校提供了多个合作机会。事实上,他获得的成果相比一般教学管理者更多,在评高级职称时的材料要比他人多 5 倍以上。

(二)后天发展成就

教师 ZG,现是全国优秀教师。她生性内向、稳重,工作勤恳、善于创新,从普通教师成长为学科带头人,但其性格对其合作意识及倾向性产生了一定的阻碍,在课程教学不断发展的背景下,现实教学状况刺激她只有不断地获取合作交流的机会才能充实自己的教学经验。对此,她谈道:"刚开始进入工作岗位,我很少和别人交流,话语比较少,性格比较内向,一般就是干好自己的事情,也不太关注别人在干什么。可在教师这个工作岗位上经常会遇到一些比较复杂的问题,如经常会有一些学生或家长问一些莫名其妙的问题,慢慢地我便开始怀疑自己是不是能够解答这些问题,因为我觉得一旦处理不好这些问题绝对会影响学生的健康发展,于是就寻找机会向一些同事请教,听一听其他同事的处理意见。结果听了别人的几次建议之后,突然我的思维就开阔了起来,慢慢地,我也变成了一个健谈的、热爱交流的人了。"教师 ZG 的成长经历说明一个教师的品性并不是天生的,然而生性好学肯定是好教师的一个品质。教师 ZG 本是一个性格比较内向、不爱与人交流的人，但在教学工作中意识到个人力量的不足，就主动地、积极地敞开自己的心扉，与他人交流，从而获得自我提升："因为我在互动中获得成长，我认为互动和合作是我们的生活必备本领。"合作与互动行为的不断强化，使其变成了一个合作能力强的专家型教师。良好的教学环境是教师后天互动与合作意识形成的重要前提，如果在教师 ZG 的生涯中，当她遇到问题而求助无门时，她就会对合作产生抵制情绪，教师 ZG 后来的工作氛围之所以变得比较融洽，是因为同事们愿意为她提供帮助，愿意和她交流，为她开展互动与合作打开了窗户。

所以，无论互动与合作意识是内心所向还是教学所需，教学互动与合作意识较强的教师都会在情感上表现出对学生的关心、对同行的友好和对教学工作的热爱，并且这种倾向会不断地在教学中获得强化，最终成为关键教学能力形成必备的品质。

二、教研自我意识强

教研自我意识是教师关于教研工作的自我认识、自我理解以及自我评判的意识，是教师对自身教育能力与影响力的自我判断、信念与感受，它是教师自主发展的重要内在动力机制。

（一）教学信心强

自我意识较强的人拥有较强的教学信心，能够正确地认识自己的教学优势和不足，清楚自己应该具备的能力和应有的付出，能够用恰当的方式表述自己的教学贡献。教师 PX1 谈道："我现在对同行听课已经不再感到恐慌，我觉得每个人都有自己的优势和不足之处，他们听课更多是要学习我的优势，但是如果大家看到我严肃的教态，就会感到失望，因为我在课堂中表现很严厉，我知道很多人觉得这样不好，这是我个人的特征，我觉得只要我有一颗对学生、对教学火热的心，是可以忽略严厉的面孔带来的不良影响的。"他深知自己的不足并能有效地利用其他手段来弥补其不足，达到对自我的认知和评判，这是自我效能的最佳表现。

（二）教学投入度高

自我意识较强的教师对教学工作的专注度较高，专业投入较多，对教学的感知程度较深。教师PX1是这样认为的:"我很喜欢教学这个岗位,我觉得上课同样需要表演——要把我在台下的功夫展示出来。一般情况下,我都会对自己的教学设计做仔细的推敲,我不想让学生在枯燥的数学符号中把数学学习当作一个机械化的操作。通常情况下,为了把一个问题讲透,为了提高学生对课堂内容的兴趣,我会搜索一些优秀的案例提取其中有利素材,或者我会从生活当中提取一些有意义的素材或专门制作一些教学素材为上课使用。比如,我在讲椭圆性质的时候,为了让学生在理解椭圆意义的基础上牢固地记住其性质,我就专门上网搜集了一些椭圆的应用实例,比如鸟巢的建筑特点、白宫的声音设计等;上课前一天,我会把自己的教学设计好,在上课之前花一节课的时间再次审定和熟悉,以达到课堂教学的流利。"教学感知性较强的特征表现为对学生的理解深入,在行为上会显示出教师对学生的关注,教师PX1谈道:"我很喜欢和学生交流,在和他们的交流中能让我备感活力,让我感到年轻,我经常和学生聊天,在与他们聊天中倾听他们的困惑,向他们提供帮助和引导,同时在与他们的聊天中我也慢慢寻找学生心目中的好老师。"教师PX1的教学准备不仅仅是简单的制作教学设计和课件,他还会针对教学内容的需要以及学生的学习需求,利用素材和制作教学资源来化解教学中可能的矛盾,这些表现来源于教师对学生和教学内容的深入理解,对教学方法、教学手段、教学策略的灵活运用,因此深刻的教学感知不仅仅是经验的积累,更需要用心的体验和培育。

(三)反思意识强

自我意识较强的教师教学反思意识较强,会自觉地把教学反思行为践行到日常工作中,并形成一种习惯,教师ZG谈道:"有时上完课后,心情很愉悦;但有时上完课后,心情总是闷闷不乐,课堂中的一些意外之事或者尴尬场面时时在眼前晃动,然后不断地思考:在今天的课堂中有哪些问题出乎意料?为什么会出现这些问题?下次要怎么样避免?学生今天的上课的表情怎么样?他们是不是都明白了?今天的教学目标达到了吗?怎么样才能知道这个答案?"因此在教师ZG的日常工作中,她每天都能够用心去感受课堂、感受学生的需要,再不断地倾听内心对自己教学行为的反思,从而获得教学认知。另外,自我意识较强的教师在教学事件处理中会表现出智慧,能够较好地处理与同事、学生及家长之间的矛盾和问题,他们的行为在学生、家长以及同事面前会表现得比较一致,他们可以作为一个很好的合作伙伴,在学生面前是一个勇于担当并且问题解决策略比较丰富的老师。而相反,教学信心不足的教师会在学生的面前极力去表现自己的权威,而在家长和同事面前因缺乏勇气而会有一些迥异的表现,特别是遇到教学突发事件时,他们会表现得不敢或不愿意与他人交流,缺乏沟通的技巧,无法及时地拿出解决问题的有效方案。

三、教学学习意识强

教学学习意识是指教师对于教学的学习态度,学习意识较强的教师把教学看作是一种永无止境的教和学相长的过程,在教中不断学习、在学中不断积累教的经验,从而能够在教学新理念的引领下,不断学习新的教学思想和教学方法。

(一)学习具有专业性

学习能力较强的教师在教学中的具体表现为:经常关注书籍、论文以及报纸中的教育信息,能够聚焦自己关注的教学问题进行相应的文献查阅和梳理,其学习的资料具有一定的专业性。专业性学习能够为教师提供经典的教育理论知识和先进的国际教育理念,在专业性的教育话语体系中,学习者能够获得和掌握科学而精确的教育理论与实践中的概念,能够学会、理解教育话语体系,有利于学习者对教育教学形成科学的认识和判断,学会利用科学的教育词汇和理念解读自己的教学。除此之外,专业性学习在提供教育深度学习的基础上,还有利于开阔教师的学术视野、成就研究型的教师。

当问到教师 ZG1 和教师 PG2 关于对中国知网的认识时,教师 ZG1 比较熟悉,而教师 PG2 却感到迷惑。教师 ZG1 经常会在知网上搜集一些自己感兴趣的问题,其中使用的频率最高是在每年申报课题或结题时。另外,他还喜欢到书店购买一些教育书籍,以了解教育前沿理论。而教师 PG2 说她自从工作开始后就没再用过这个数据库,如果想了解一些信息,他经常会在百度上去搜索,至于看书和学习,就目前自己的工作状况,只能说是"镜中花,水中月",可望而不可即。

(二)学习兴趣高

学习意识较强的教师还有一个特征,就是对新事物都比较感兴趣,能够与同行交流教学问题,能够主动向同行请教,善于在学生中发现、获得新信息并能够与学生学习,拥有较强的学习力。例如,在观察教师PX1的行动时发现,当一个教研活动中有很多教师和教研员在一起进行课题研讨或听评课时,教师PX1喜欢把自己听到的新词汇或新鲜事迹记录在笔记本上,在会中,他总是发言最踊跃的那一位。他喜欢就新概念或新事物倾听他人的意见、发表自己的看法。她谈道:"我觉得每次出去交流,对我来说都是一个学习的机会,要抓住这个机会解决自己的问题,以前我还经常想自己的问题是不是很幼稚,因此,我担心说出来会招来异样的眼光,但我发现其实每个人都有不同的理解。而相比之下,有很多教师在开展类似教研活动时,他们只顾听,不写也不问,对于交流甚不感兴趣。"的确,在这里应该肯定教师PX1的学习行为。那种只"听"不"讲",不能称为"交流"。交流是一种学习的过程,这种学习的效果一定是交流群体在互动、在倾听与陈述中形成的,听别人的观点是一种直接的学习过程,把个体的观点展示出来首先是对自己进行评判的过程,这种评判在经受了反驳和肯定之辩论后会为自己的观点增添新的意义和阐释,它需要个体对其进行重新加工,所以交流应该是一种在"讲"的过程中获得的一种间接的学习体验。

(三)学习对象广

学习意识较强的教师还表现出其学习对象范围的广泛,所谓"三人行必有我师""不耻下问"等说的都是学习应该不分对象,学习对象不一定是比自己经验丰富的、比自己年长的或者比较权威的人十,学习可以发生在周围的每一个人身上,每个人都有值得学习之处。这不仅应该成为学习的一种习惯,更应该成为每个人的一种处世哲学。教师PX1的教学学习群体比较多样,学习范围比较广泛,在总结自己学习交流群体时教师PX1认为他的交流群体主要包括三类:一是有经验的老教师,二是刚毕业的教师,三是学生。她谈道:"老教师的经验和新教师的经验是两种完全不同的取向,我向年轻教师学习主要是学他们那种朝气蓬勃的精神,向他们学那种和学生能打成一片的勇气,学一些新的流行词汇,不然现在学生说个什么词语我们都不懂,那岂不是有些尴尬!"老教师的经验值得我们借鉴,新教师的思想观念能够给教学带来活力,向学生学习也能够促进教师的思考。向学生学习对很多教师来说是比较困难的,它需要教师永远保持一颗年轻的心,要理解学生、理解学生所处的文化环境,这样才能获得与学生一起思考、引领学生一起进步的机会,教师PX1继续谈道:"现在的学生跟我们以前不一样,在这个多元化的社会,他们知道的事物远比我们想象的多,学生接受新生事物的速度要比教师快,尤其某些学生掌握的技术远在教师之上,我有一次要讲二次逼近法,但我对程序设计中的这具概念不甚了解,于是我就让我们班一个学程序设计的学生来做;有时我要做课件,涉及一些动画技术或设计效果,我也会请我们班有这方面特长的学生来把关,他们给了我很多好的建议,所以我觉得老师一定得在教学生的同时和学生一起学习,不要觉得自己是老师就在学生面前表现出一副唯我独尊的姿态。"教师PX1不仅有一颗善于学习、勤于学习的心,也有"不耻下问"的学习态度。由此可见,一个心扉敞开、心胸开阔的人,在接受他人的同时,也会获得更多人的帮助,这样才能丰富自己的学习源泉、积累自己的学习能量。

(四)教学敏感性强

学习意识强的教师会表现出对周围事物和发生事件的敏感性,让自己的学习处处存在。ZG教师谈道:"有时我的教学设计可能来源于瞬间的灵感,但绝不是我突发奇想,我觉得它是来源于我的日常生活,也来源于我经常参与的其他教师的课堂,但是我也没有说完全按照别人的做法去做……"这种教师的学习习惯中隐藏着对教学的热爱,也透露着对生活的认真。她是在认真地品味生活中发现了教学的契机,而并非一般所讲的工作狂;这种学习习惯有其形成的必然因素:一是个体工作和生活的态度认真,二是个体本身拥有较高的教学和学科修养,这样才能够有效地建立起教学与生活、教学与教学之间的联系。

强烈的教学学习意识表现为:学习态度端正,学习方法多样,学习对象多元,学习领域广泛。这种强烈的学习追求能够让教师保持活力,给教学增添色彩。与此相反的是,一些教师的学习途径单调——仅以他人的课堂观察作为自己学习教学的途径;学习范围窄——仅在教育范围内学习相关教师和学生的知识;学习意念薄弱——缺乏主动获取学习途径和学习信心的意识;学习条件要求高——仅以优秀专家教师作为学习榜样,缺乏从实践中、从同事中汲取教学经验的意识。教学学习意识受到教学困惑的激发,也有来自个体内在的精神追求,教学学习意识的强弱能够反映出教师对教学的态度,能够反映出教师对教学思考的深入程度。

四、教学行动力强

行动力,是指及时执行策划战略意图的能力。行动力强的人,具备超强的自制力,同时能够摆脱困扰,去做他人想做而不敢去做的,或者是自己能力不足的事。教学行动力强主要表现在观念和行为的一致性程度比较高,对于教学中所遇到的问题能够在最短的时间内通过践行的方式来解决。和行动力强的教师相比较,行动力弱的教师在遇到问题时,总会表现得拖拖拉拉,无法尽快付诸行动去解决问题。

（一）有意愿

愿意为新的教学思想付诸行动并检验。意愿是行动的前提,意愿能够为行动指明方向,并且能够引导行动。教师 ZG 谈道:"在遇到别人讲的一些新的教学方法、教学理念时,我总会去主动去尝试尝试,看看那些东西究竟适不适合我和我的学生,因为我发现,有很多专家讲的新观念可能只适合于某种教学场景。"而同样的状况,教师 MG 谈到的却是截然不同的观点:"那些新观念对我们来说都没用,我们看的主要是成绩,我需要教给学生一些干货,让他们能够获得高分……"两位教师比较起来,教师 MG 对新事物持怀疑和排斥态度,不愿意相信新事物,更不会主动去探究其有效性和可行性,这种"对概念只是听听,而不付诸行动去检验"思想观念久而久之就会形成一种固执的、对新的思想、新的观念保持否定或排斥的态度。由于教师 ZG 对新观念不排斥,也不盲目信从,她遇到别人传递的新理念时,就会有强烈的意愿去思考它、实践它,想知道这种理念的可行性和操作性。她也会从自身教学实践体验中来理解新理念,从心理的认知结构上试图去同化它,这种对新事物所表现出的强烈的行动意愿,有利于让教师获得新鲜血液,引导教学不断获取进步的动力源。

（二）有速度

从时间维度来看,行动力表现在个体能够在最短时间内投入教学工作中。速度的衡量指标应该是从观念决策开始到行动执行之后所化费的时间。例如,当一个教师了解了一种新的教学方法时,从他开始对这种方法感兴趣到产生实践这种教学方法的意向,再到把理念中的教学方法转变为教学实践方法这一过程所经历的时间。这个时间越短,说明行动速度越高。教师 ZG1 谈道:"学校的事务比较多,经常都会有新的任务出现……那我就想办法尽快完成,不想把它放到第二天,因为不知道第二天还会有什么事情发生。"该教师即使在下班时间内,面对学生或同行提出的问题,都会及时予以解决。在与中小学教师合作设计中,研究者同时给教师 ZG1 和 PG2 提出教学设计任务,教师 ZG1 无论何时都会让人感到充满了激情,他会不时地向研究团队提问求教,经常会提前完成自己的教学设计与大家讨论;而相反,教师 PG2 教师面对每次给他的教学设计要求,从没主动与研究者讨论这个设计,都是由研究者来催促其进度,直到上课之前,才会把自己的设计拿与研究者讨论。他会把任务拖到最后一刻来完成,从而导致每次任务完成得非常匆忙,不能保证任务的质量。

(三)有力度

执行力是行动力的突出表现。行动决策的时间管理和意愿只是行动力的前提,执行力是行动力的目标,强调力度和力效,即把想干的事干好、干成功的能力,也是一种竞争能力。教学执行力度需要教学目标明确、教学信念执着、教学计划周密这 3 个重要条件作为基础,能够保证在较少的时间内获得最大的收获。教学执行力的主要衡量指标是时间、计划和效果。时间在上文速度中已经谈到。教学计划是否具有周密性是考察执行力的关键,同样具有行动力,没有周密的行动安排,也就不能达到执行力层面。最后就是行动效果,反应观念决策转化实践行动之后的效果,效果在教学中不能局限于学习成效,此时的效果是一个中性词,在任务执行中具有弹性,不同的任务,其效果的衡量指标不同。例如,如果是一个教学方法的实践检验,需要考虑到方法从理论到实践转化的可行性,它对教学的成效可能不是一次实验就能完成的,不能以教学效果来衡量执行力,需要以这个方法的落实是否到位、其在实践中是否具有可操作性、对于教学是否产生影响等这些指标来衡量。如果是一个普通教学任务的执行,重点考虑任务完成的效果时需要关注多元化,用多元化全面发展的理念去理解这个效果,例如可以从知识与技能、过程与方法、情感与价值观等不同层面去检验。

五、教学理想高

教学理想源自教学现实与理论之间存在的隔阂,是为了追寻现实与理论之间的一致。在教育中,可怕的不是现实和理想之间的鸿沟,可怕的是所有的教师仅仅为了"饭碗"放弃了应有的教学理想,成为现实的"应声虫",那么我们本身也就是现实变革的障碍,最终成为积弊深厚的教学传统的保守力量。[①] 孔子本救人救世之心从事教学,以教学实现他的理想,他觉得救世首先救人,先将每个人教育好,人人相习,蔚然成风,社会改善,进而达到国家康乐、世界大同的理想。[②] 理想是一个人的奋斗目标,没有教学理想就没有教学目标,教师的教学理想不可或缺。在当下,教师应以学生的全面发展为教学基本理想,以己之教学发展作为教学的重要理想,以实现素质教育的根本目标为教学的最终理想。元教学行动灵敏者是教学理想性特征的典型代表,其主要表现为:教学热情高,教学的探索意识较强,善于发现问题,并且及时和周围同事交流并研究问题,他们对自己的各方面要求都会高于其他人,不会在已有的成绩上沾沾自喜、停止前进,在教学业绩、自我修养等方面他们会通过不断的学习来追求自我完善。

(一)对学生有期待

元教学行动凸显者的教学理想首先表现为对学生具有理想的期待,他们把自己的学生看作精心培育的花朵,希望他们绚丽绽放。由此,在学生的培育中,理想型的教师就会勇于大胆实验新方法、新理念,不断地去尝试各种教学方式和各种教学条件去改善学生不良的学习状态。例如教师ZG1在谈到他的教学理想时说道:"我希望自己教的每个学生都能把数学学好,希望我的每堂课都能够吸引学生。"理想型教师对学生有期待,主要表现在:他们的期待面向每个学生,并且对每个学生的期待都是积极而美好的。心理学中的"期望效应"指出,如果教师对某些学生抱有期望,经过一段时间之后,这些学生会如教师所期望的那样不断进步;反之,如果教师厌恶某些学生,对他们不抱期望,这些学生学业成绩品行往往会逐渐变差。[③] 由此可见,教师对学生的期望会影响学生的发展。理想型教师对学生有期待,特别表现在对学困生的关注上,他们不会因为学生背景以及学习能力而失去对这些孩子的关注,相反他们会觉得这些学生更需要关注。在访谈中了解到,教

---

① 徐继存. 教学理想与现实的冲突:理解与超越[J]. 教育科学研究,2005(12):16-18.
② 宋锡正. 孔子教学思想之研究[M]. 台北:文森印刷文具有限公司,1975:198.
③ 严平. 为师之道[M]. 南昌:江西高校出版社,2010:156.

师 ZG1 与学困生之间没有距离感,而相反,那些学困生都和他建立了深厚的友谊。在教学中,他愿意为自己的理想而付出,为了让一个学生喜欢学习数学,他尝试和家长配合、尝试从他人那里请教经验、尝试为该生个别辅导等,试图提高学生的数学学习能力。教师对学生的期待效应,能够让学生感受到教师的温暖、关注和认可,使他们的信心、勇气倍增,从而促进学生学习理想的树立。

(二)对自己有要求

教学理想高的教师表现出对自身要求的永无止境,有自我实现的强烈需求,这在马斯洛的需要层次中属于最高层次,自我实现的需要是促使个人潜能得以实现的动力。中小学教师也有自我实现的需求,他们都想在各自的工作岗位上实现自己的人生价值。[1] 但是每个人在实际工作中的表现不一,理想型的教师对于自己的要求目标具有持续发展性,他们不满足于既定的目标,会随着社会、时代以及学生的变化,调整和优化自己的目标,从周围同事的访谈以及教师 ZG1 的个人规划中可以了解到,教师 ZG1 个人成长的特点就是不满足于即有的荣誉,在别人都认为他已经够优秀之时,他仍然保持着谦卑的心态,例如他坚持定期观看自己的教学录像并对其进行分析,每次观看录像后,他都会从教学的表情、动作、语言、互动等方面对自己的教学进行反思,提出整改的方案。

理想型教师具有不断学习、锐意进取的实践精神,他们会不断更新自己的知识,善于理解新事物、新理念和新方法,能够利用周围的资源和条件为自己不断充电。[2] 教师 ZG1 对教学方法的探索就从未间断,他善于应用新的教学方法并在经验中不断总结更有效的方法,他每年的教学方法都会有所变化,尤其是近年来随着互联网技术的不断完善,他已经能够灵活地把信息技术手段应用在课堂上下,特别是在翻转课堂理念的引领下,他尝试录制了一些典型教学片段供学生学习。相比之下,教师 PG2 虽然也谈到自己的教学理想是提高教学效率,让自己发展更好,但是在其个人行动中有关理想的付出却显得比较微弱,他对翻转课堂的理解还停留在概念上,从来没有尝试过这种方法,也不知道这种方法的优势。他谈到,使用一种新方法,一般都

---

[1] 薛正斌.教育社会学视野下的教师流动[M].兰州:甘肃人民出版社,2012:155.
[2] 樊浩,田海平,等.教育伦理[M].南京:南京大学出版社,2000:213.

是在学校要求的情况下开展,除此之外,他很少有机会,也少有时间尝试。由此可见,教师PG2在尝试新方法上还主要依赖于行政引导和干预,自主性比较欠缺。

(三)注重理想实现的策略

理想是前进的灯塔,心中有理想,要铭记,更要有实践行动,行动是实现理想的重要条件,否则理想永远是空中楼阁。理想型教师会利用教学条件改善、教学方法改进等实践行动,来实现自己的教学理想,例如教师ZG1,在具体的教学实践中,会创造性地使用教学环境,来为学生的个性化学习服务,他把制作的微课分享于学生,让学生开展个性化的自学提问,实践翻转课堂;他还借助网络技术,在课堂之外开辟师生和生生间畅通交流的通道,不惜牺牲自己的课余时间来发挥翻转学习、网络讨论交流的优势。对此,教师ZG1谈道:"刚开始实践这个翻转课堂确实也是考虑到了学生的个体差异性,利用这些微课来突破教学难点,让学生在家不断地看、反复地听,最终那些学困生肯定能够理解,只是所花时间不同而已,但是这种方式的确要在课下花费很多工夫,要让大家能够互动起来,老师必须在中间进行协调和引导。""个人的力量是有限的,教师的能量也是有限的,现在教育的现实是,教师承受着太多的期待,只有我们的学生能够充分地领略并能利用好网络资源的学习优势,教师的压力才能真正地减轻。"在他的教学设想中,他希望能给教学提供一个免费的交流平台和空间,通过丰富的教学资源和多方的教学咨询为学生的学习提供引导和服务,让教师和学生、学生和学生以及教师和教师之间的交流开放、自由,让每个学生都能获得个性化的指导,让每个教师都能获得个性化的发展。

理性型教师在实践中会创造多种路径为教学服务。现实与理想之间的差距不是绝对的,通过在现实中人与人之间沟通、群体之间的交流以及资源的共享可以让原有的现实变成理想的现实。教师ZG对自己的定位不仅仅限于"高级教师"这个称号,她有自己感兴趣的研究方向,有独特的教学思想,她在谈到如何让自己变得更优秀时,她虽然表现得很谦虚,但也说出了优秀教师的品质:"有时候我就在想,怎么样能利用我身边的这些资源,比如说:我认识这些研究教学的大学教授、各区教研员、校长、专家型教师以及年轻有为的青年教师,这些朋友也是我的优势,那我是不是可以作为他们之间沟通的桥梁？其实这些人之间是需要沟通互动的，我是在与这些人的相处中不断受到刺激和感染……"教师 ZG 所谈到的自己在成长中的日常思考，关系到教育共同体的建设和互动的重要性问题，她认识到了共同体成员之间的互赖关系。教育研究者需要一线管理人员和教师提供实践载体，年轻教师需要专家教师的经验引领和研究者的理论引领，管理人员需要考察教师的实践需求，与研究者共同制订教师发展方案。事实上，共同体作用原理就是化归和转化方法的应用，这种转化是借助人力来完成的，共同体成员把自己未能解决的问题通过互动转化为他人的问题，借助他人的解决路径来实现自己对问题的理解，通过互动实现资源的共享。教师 ZG 善于借助这些人力资源，把自己的未知转化为已知，把自己未有转化为已有，因而不但能够获得发展的动力，也让自己的发展契机更容易获得。

第六章 元教学行动之个案引导

第一节 元教学行动的引导方略

教师 PC1 跟随区教研员进行学习之后,她的职业活动开始变得丰富起来,通过她的经验介绍,可以展现对于一个职业目标缺失、行动方法不当的教师开展职业规划的途径和方法。

一、定期补充教学能量,扩充教学知识

教研员 Y 把补充教学能量作为引导教师发展的首要任务,他认为定期补充教学能量是让教师保持与外界联系的主要途径,这种方式能够引导教师从外界不断获取新能量作为教学储备,从而有利于提高教师对教学专业的认识并促进其教学能力的发展。补充教学能量的手段主要有读书、看报、阅览教学类论文、交流学习。教研员 Y 通过赠送或借阅的方式,把自己多年读过的、认为经典的、对解决教学问题贡献较大的书目与教师 PC1 分享,在教研员 Y 的引领下,教师 PC1 阅读了相关教学技能提升、教学理论前沿、国内外教育纵横、教师专业发展、教师心理调适等多种书籍。为了提高教师 PC1 的阅读质量,教研员 Y 要求教师 PC1 在阅读部分经典书籍后撰写读后感,作为研习任务交予他讨论并且以微文的形式分享到相关的教师学习群中。

考虑到中学教育网络资源获取不便,教研员 Y 通过定期布置一些教育专题研究任务的方式引导教师 PC1 去查找主题论文并撰写专题发言稿,与其他教师交流学习。在 年的研习中,教师 PC1 共精读教育书籍 15 本,撰写相关读后感 10 篇,参与专题发言 5 次,阅读论文资料数篇,主要涉及的问题有:数学教学的理想目标、教师自我提升的途径与方法、基于本校数学学

困生的教学策略、教师与学生对话的有效性、有效教学设计的要点及其对教学的影响作用等等。对于教师 PC1 的主题发言及思考,教研员与研究者都与其进行了有针对性的交流,在交流中表达了相关主题的核心思想。

二、定期整理教学问题,撰写教研短论

补充教学能量是为教师的教学发展提供动力支持,整理教学问题的主要目标是引导教师养成反思教学的习惯,通过撰写短论不断摸索教学前进的方向。教研员 Y 在教师 PC1 研习中期,要求他定期整理教学问题,如针对在作业批改、课堂教学以及课后谈话中发现的特殊教学事件,及时撰写短论记录自己当时的所思所想,对于自己认为处理得比较巧妙或智慧的事件进行后期的理论总结,力争能够撰写成文发表;对于自己认为特殊的、比较困惑的问题及时通过其他学习途径获得解释或解决。在实践中,教师 PC1 根据自己的教学任务,以单元为单位,定期整理单元教学中的收获和问题。她谈道:"每天我都会把特殊的事件记录下来,然后在单元末做一个小结,整理单元教学中的问题和收获,并尽量以论文的形式呈现。由于自己很少写论文,刚开始写短论时,实际上心里有很多话,写出来却没有几句,后来慢慢学习别人的写法就好一些。""定期整理教学问题"这个环节不是要让其他人为教师 PC1 来解答问题,所以教研员 Y 在这个环节并不对教师的问题做出评论,他只对教师 PC1 提出整理问题的要求并布置了撰写短论的任务,其主要目的在于让教师 PC1 在记录和整理的过程中养成良好的反思习惯并学会反思。

三、定期学习研讨,排除教学疑惑

教研员 Y 为教师 PC1 所属的学习群体设计了"学习、排惑、研讨"系列活动环节,其设计研讨环节主要是考虑到教师在读书、问题整理过程中会不断遇到问题,目的是让研习者通过交流、讨论的方式,在教学和学习中对一些教学思维进行相互碰撞和打磨,使其中的一些困惑不断获得明晰,一些智慧不断得到锤炼;通过教师教育者的理论与实践引领使教师获得对教学的认知;通过学习群体内的经验分享,表达各人在研习中的收获和问题,获得其他学习个体的肯定和建议,使学习群体内形成一种互帮互助、取长补短的

氛围。教师PC1除了在固定的研习群体中进行合作研讨和学习之外,他也善于向教研员Y单独请教,表达自己在学习和教学中的心得和困惑,以期获得指导。

另外,该教师积极、主动地参与教研员Y组织的各类研讨活动,扩大自己的交流范围,展示自己的教学观点,试图通过多种交流的方式,使其困惑得到及时倾诉和排解,心灵得到释放。他的感受是:在与别人的交流中,能让思想得到冲击,能挑战自己的思维,并能获得认同。因此,教师PC1参与教学研讨活动的积极性较高,在每周由教研员组织的教学研讨活动中,该教师都会积极参与并且发言。

四、定期参与研究,提升研究兴趣

由于教师PC1在研习活动中表现积极,在一次课题研究中,教研员Y就选择了教师PC1,与其共同开展课题研究,起初教师PC1是作为合作者,来完成教研员Y所布置的研究任务,对于一项研究如何设计、如何实施、如何提炼结果等问题,她并没有参与。教师PC1谈道:"我看教研员Y总是那么有思想,肯定和他经常进行研究分不开,所以我就向他提出'给我也提供一个研究计划'的想法,他就答应了。"

教研员Y为了培养教师PC1的研究意识和热情,对其进行了一系列的培训和引导。一方面,要求教师PC1结合教育研究的热点问题以及自身的实践兴趣,确定契合实践的研究方向。对此,教师PC1谈道:"我刚开始说我要研究'学困生转化'的问题,教研员Y便给了我一本书让我看;我一看书中主要是关于学困生特点及转化策略,其中有很多都是我不知道的,我很吃惊;当急迫地看完那本书后,我决定修改自己的研究方向,我转向'城乡结合地域学生数学学习习惯的培养',这个问题既符合我所处的环境、又切合我的志向……"在教研员Y的指导下,教师PC1结合自身的实践确定了研究自己方向。另一方面,教研员Y引导教师PC1在搜集相关文献资料的基础上完成项目的方案设计和预期结果的设计。教师PC1谈道:"我以前从来没有做过课题,刚开始写的课题方案没有得到教研员Y的认可,他给我的方案设计提出很多修改意见和方向,逐步针对研究问题、研究意义、研究方法、研究思路以及预期研究结果等问题进行解释,并给我提供一些可参考的课题研究资料,这个过程的确和以前的学习过程差距较大,挑战也很大。"在之后的研究实验中,教师PC1仍在和教研员Y进行不断的协商和探索。

第二节　元教学行动的引导效果

教师PC1和教研员Y的交流和学习历经两年多的时间,他谈道:"在遇到教研员Y之前,我很少和外面的同行谈起自己的教学情况。说实在的,也没有什么机会。即使和自己的同事谈起教学情况,也是有些保留,因为我也不知道自己的想法是不是合理。最近我看了一些教育方面的书籍,也和大家一起讨论有关课题的事情,我渐渐觉得自己的有些想法还是有根据的,在大家的鼓励下,我现在敢于发表自己的想法;看了教研员Y工作态度和处事方式,我开始觉得自己以前的工作有点浮躁,应该沉下心来学习如何教学……"

经过与PC1教师的交流,能够从他的言语中感受到她的变化,从他的行动中也能够发现她的收获。

一、形成学习惯性,明确学习方向

教师PC1在共同学习之后,受教研员Y学习和钻研热情的触动,他认识到不断地汲取新能量的重要性,发现学习是教学工作中必不可少的环节,应该通过学习来充实自己的教学知识,为自己的教学提供动力支持。在之后的工作中,他开始主动地从教研员Y那里借书,要求为其推荐书目和文章,把周五下午和晚上定为自己的看书时间。于是,看书不仅成了他的工作需求,也成了他的习惯。

他谈道:"以前看书没动力,不知道看什么,有时看一本书要费好长时间;我现在借助自己的研究课题,按照课题研究的需要来查找相关书籍和资料,效果较好。"在经历了一年时间的强化培训,教师PC1感受是:"以前总觉得领导在外面开会、听课都是行政性的事务,现在才发现,对于我们(普通老师)来说,经常出去走走看看非常有用,这种活动可以让我见识到不同教师的风格,收获很多。"他意识到学习和交流对自己发展的重要性,慢慢地在日常工作中为自己寻找机会学习,他说道:"在实际工作中,区上、市上也经常会组织一些外出参会或交流研讨的活动,但是老师们的热情都不是很高,一般情况下我都是主动请缨,争取出去研讨的机会。"

参与教学学习、从学习中理解教学、改进教学成为教师 PC1 努力的方向,他开始学会借助于研究课题增强自己阅读书籍的动力,通过参与教研活动、与他人交流扩大自己的学习机会。

二、养成反思习惯,学会自我促动

在一年的共同学习中,在教研员 Y 的带领下,教师 PC1 养成了撰写教学日志和短论、完善教学设计之后反思环节的良好习惯,通过这种反思,让他发现了自己教学中的一些问题,并获得了有针对性的改进。教研员 Y 谈道:"刚开始和教师 PC1 接触时,我见过她的教学设计,存在很大问题,诸如设计思想不突出、方法不明确、方法和过程不适应、反思不深刻等等,经过一年的训练,她的教学设计逐渐成形,其反思也比较切合实际;在撰写短论和日志中,她也逐渐学会了积累自己的经验,能够清晰地把自己的观点展现出来。"

教师 PC1 在反思中渐渐学会了自我促动。虽然在共同学习一年后,教师 PC1 撰写日志的习惯有些放松,主要表现在时间和字数上不能保证,有时一天的感受或反思可能就是简短的几句,但是他坚持定期整理这些教学发现。另外,他善于把自己在课堂中的困惑拿出来与他人交流,他谈道:"我想听听别人对我的一些做法的评价,我想看看别人对一些问题的处理意见。"随着反思习惯的养成,他从内心深处真的发现以往写的那些反思和日志能够很有效地引导自己去思考教学问题,有利于促进自己的教学进步。

他谈道:"其实以前每天在学校的 8 个小时并没有充分得到利用,我现在就在改完学生作业后做一些笔记和记录,为什么要这样做反思?开始我对这件事情也不以为然,随着时间的推移,我慢慢地发现,一两天的问题整理,可能看不出来什么规律,但时间长了,随着反思习惯的养成,这种任务成为一种自觉行动,我开始对一些问题形成自己的认识,也发现了一些教学问题的本质。另外,还学会了教学论文的写作,让我感觉到自己也步入了教育研究者的行列。"

在反思活动中,教师 PC1 发现了反思与研究、日志与论文之间的关联,这种关联性的发现与认识促动着他把反思作为一种常态工作,引导和培育他研究的志趣,让她的教学、反思和研究相辅相成。

三、发现教学智慧,获得教学自信

教学智慧是教师实践经验所积累的精华,是教师善于探索、总结和发现的结果。教学智慧具有个性特征,是他人不可模仿的。对于善于思考的教师来说,生成教学智慧成为教学中的常态,凝练教学智慧成为教学后的习惯,传播教学智慧是其教学自信的表现,也使其获得分享教学的权利。在共同学习之前,教师PC1对教学智慧的认识停留于"拿来主义",没有发现自己的教学智慧,她说道:"以前我对'教学智慧'这个词感觉很神圣,它肯定都是名师、专家才能具有的,对于我们普通教师来说要凝练教学智慧,很难。"此时的教学智慧对于她来说就是一个遥不可及的符号,他所熟知的都是他人的教学智慧,在共同学习之前的所有关于智慧的教学方法、教学策略和教学处理技巧都是从他人那里学来的。

经过一年的学习、交流和研讨,教师PC1逐步对"教学智慧"这个词语产生了亲切感,他开始发现自己以前的很多做法以及想法在他人或专家那里获得了认同,在书上也看到了类似的结论。他谈道:"在看书和学习的过程中,我在学习别人的教学智慧的同时,不时有一种似曾相识的感觉,我还以为这是一种错觉……现在看来那些智慧在我之前可能就有的,只不过我没有去凝练,如果我愿意或善于思考与总结,我也可能能提炼出属于自己的教学智慧。"共同学习的过程不但让他发现了自己教学实践的经验积累即可成为智慧,而且让他认识到自己也能拥有教学智慧,它是在反思、实践以及凝练的基础上形成的。

在共同学习中,教师PC1获得了教学自信,开始用智慧的眼光去思考自己的教学。教学智慧的生成让她变得不会有自卑心理了,他愿意探索自己的教学智慧,为自己增加实力。教研员Y谈道:"教师PC1发现那些智慧的教学是自己所思所做,她从以前的不善于交流、不敢交流的状态不知不觉中就转变了,她现在出去研讨时敢于发表自己的观点了。"教师PC1已经成长为区骨干教师,并且经常作为示范者到其他地区进行优秀教学分享,效果良好,共同学习让教师PC1对教学智慧有了新的认识,并且激发了他对教学智慧探究的兴趣,也增强了他的教学自信。

四、明确发展目标,增强元教学意志

研习中,当教师 PC1 意识到教学和研究相辅相成的道理之时,他开始对自己的职业发展规划进行一些调整,他不再仅仅局限于一般教学目标的达成,而是开始关注教学研究,他把本校数学校本课程的开发作为自己今后一段时间的研究主题,期望从研究中获取新的教学活力。

他谈道:"以前我认为把课上好、把学生带好就行,现在我觉得一个老师不能光埋头苦干,要想在教学中创新,就要善于思考,要在教学中开展研究,在研究中寻找教学的新思路。"

教师 PC1 开始萌发了新的职业发展目标——专家型教师。他谈道:"我的教学目标是不再'拘泥于数学解题的训练',而要让数学课堂变得生动,让学生乐于学习数学,我也要不断去发现属于自己的教学方法和思路,为了完成这个目标,需要在教学实践中去探索,钻研教学方法、教学手段以及教学评价等问题。"这些正是专家型、研究型教师的基本特质,一方面在自己教学目标达成的基础上,凝练并探究具有个体特征的教学方法和智慧。另一个方面,也是很重要的一个方面,就是如何使研究与教学的相互促进机制不断发挥作用,作为一个专家型教师,其教学思想的凝练不是简单的经验积累,更需要通过试验研究的检验和修正,总结出属于自己的教学思想和方法。教师 PC1 开始萌生自己的教学理想,逐渐通过具体的实施达成目标,并且通过研究,把这些目标完成中的经验通过各种途径分享给同行。在这个过程中,其元教学意志逐渐增强,他感受到了教学设计、说课、预演等活动给自己带来的新认识,从而获得了在教研、学习与对话中成长的动力。

培训两年后,他经常到外区、外市区进行教学展示和教学思想交流,力争让自己的教学方法获得同行认可,这个过程表明,他期望通过自己的努力影响他人,希望自己的教学研究成果得到检验和分享,为更多教师提供参照,服务更多学生。同时,他的分享过程也会不断地驱动她对自己的教学去进行表达、审视、解释,促使他的教学与元教学行动处于一种良性循环之中,而这也正是一个专家型教师成长的必由之路。

五、元教学决策丰富

元教学决策的丰富源于决策意识的增强,决策意识的增强表现在,教师

在处理教学问题时,能够优先从意识层面去思考方法和策略,并且其方向性比较明确。当遇到需要开展教学设计时,教师 PC1 首先会考虑一些策略性的问题,例如如何把这节课设计好、如何着手,采用什么方法处理教材的难点等,通过这些问题,给他的决策提供了一个明确的方向和解决问题的思路,同时结合教学设计的实施路线,来进行具体的问题解决。PC1 说道:"我的教学不再感觉凌乱而紧张了,现在可以说是紧张而有序,遇到问题,我知道该如何下手,即使领导突然让我上一节课,我也不会胆怯,明天上课完全可以今天开始准备,我感觉自己能够处理这些突然性的问题,有了处理问题的方法。"从教师 PC1 的谈话中可以发现,他之所以变得沉稳,原因就在于他已经形成了一定决策意识和决策方法。

当问到教师 PC1 现在的教学设计与之前有什么差距时,他认为以前是以"课程标准和教参"为主要工具,在经历了一段学习之后,他教学设计的决策来源变得多元化起来,教学研究、心理研究以及相关网络资料都成为他教学参考的来源。她谈道:"以前我是根据教学参考书的要求进行教材解读的,然后再在网上搜集一些课件,作为我的备课资料;现在我对教材的解读不再限于教学参考书了,因为参考书上都是标准化的处理,而每个教师面对的学生都是不一样的。现在我遇到一些有难度的教学内容,就会查找相关的教学研究资料,看看这块内容学生的学习难点是什么,有哪些解决重点问题的方法,然后结合学生情况确定我的教学主要方法以及次要方法,确定每种教学方法的主要攻破问题以及其蕴含的思想。接着我再根据课程的整体要求设计教学流程,先形成教学流程主线——是先情境后教学还是先复习后新知等,然后逐步按照主线中的步骤再细化每个流程。"

从教师 PC1 的语言中流露出,他的教学设计准备工作非常详细,他对于教学设计的几个关键要素——教学重难点、教学方法、教学流程,已经形成了自己的决策方法,并且条理清晰、方向明确。

教师 PC1 教学决策的丰富性来源于他开阔的胸怀,当他遇到教学问题时,他愿意向周围的同事请教,愿意向教研员咨询,愿意去借助他人的教学经验来解决问题。

他开始形成探究式的决策意识和实践,开始使用关键要素导向与咨询交流结合的决策方法。

研究者:"当你在工作中遇到自己难以解决的问题时,你怎么办?"

教师PC1:"我会想这个问题的关键是什么?解决这个问题需要哪些条件?这些条件我有吗?如果我没有,我就请教他人。"

他能够使用假设问题取向的决策方法,通过对问题情景的预设、预判、调整以及归纳等步骤形成最后的决策。

教师PC1谈道:"当我需要为某个教学行动做决定时,我通常也会假设这个教学行动已经开始,思考我会对学生、家长、管理者形成哪些效应,这些效应我能否处理得当?如果处理不当,我该如何调整我的教学行动才能让他们的反应在我能够处理得当的范围呢?我会通过不断地调整来做最后的决定。"

教师PC1的行动研究在某种程度上是作为一项探究式决策实践,"排除数学学困生"是他教学的主要目标之一,他在资料中获取了一些相关的学困生转化方法,但是他不知道这些方法能否适用于自己的学生,因为他只是在书本上看到了这些理论,而没有具体的教学实践能够为其拿来参考,于是他就采取行动研究,依照书本的方法,针对自己班级的学困生问题进行逐一测评与策略检验。

教师PC1的这些决策方法体现其在教学中思考问题的全面性、设计问题的逻辑性以及落实行动的严谨性。这种决策的习惯和方法的养成并非来自专门的设计和指导,而是在其长期的与教研员、与教育研究专家进行对话中获得的。他的决策行为和思维方式的形成,意味着他从实践教学逐步转向思考教学,并且进一步推动他在思考教学中丰富教学。

第七章　元教学行动实践路径

元教学行动主要依赖于个体自觉践行,个体内生力要素是个体自觉的基础,内生力要素间的互动为个体自觉践行提供动力支持,个体间互动为个体自觉践行元教学提供引领方向,它们共同引导教师元教学行动的有效实践。

第一节　个体自觉实践的行动路径

元教学能力是教师认识教学、认识自我、获得个体发展的根本力量,而元教学行动则是教师发展教学能力、形成元教学能力的必要条件。那么在现实教学中,教师如何践行元教学,如何落实元教学行动呢?下文将结合元教学行动任务以及元教学活动过程,从3个方面探索元教学行动的实践路径:一是通过监测任务设计,达到对教学活动的自我明晰和自主表述;二是通过调控教学过程,对教学活动进行自我监控和调节;三是通过检测教学结果,达到对教学活动的自我反思。

一、监测任务设计,达到对教学的自我明晰与自主表述

监测任务设计的主要目的是什么?是教师为了在实践上支持自己教学的合理性,在明晰了自己教学的基础上向学生说明、阐述为什么教学的教学。自我明晰、自主表述是每个人在行动之前对行动有效性把握的首要条件,它有利于个体在行动之前对行动的整体把握,保证个体对行动的清醒和自我意识,有利于自动化技能的形成。自我明晰与表述是一个教学缄默知识转化为显性知识的过程。它既是语言活动过程,也是一种符号化过程和

一种自我反思的过程,这个过程有利于内部缄默知识的检讨、修正和应用。[①]主要通过3项活动来实现。

其一,依托教学设计,理解教学要素。教师要善于在已有教学设计的基础上学会改造和创新,学会独立设计教学;通过因材设计,整体把握教材,理解教材内容,理解教材设计者的理念;通过因生设计,研究学生和理解学生,找准教学起点,做到上通理念、下达实际;通过困境设计,借助自然、技术以及社会环境优势开发教学资源,丰富教学活动形式。虽然一般教师的教学设计没有专家或优秀教师那样流畅,但这个设计过程能够让教师更好地认识教学、认识自我,能够锻炼教师的教学设计能力,这种过程有利于引导他们制订出适合自己以及学生的教学方案。教学设计活动的开展,不但能够保障教学之有效性,也能促进教师的专业成长。

其二,开展自我说课,理清教学思路。自我说课作为说课的一种形式,不涉及他人且具有鲜明的元教学行动特征。这种形式不受时空以及人员的约束,比较容易开展。它是指教师在上课之前通过对教学设计的自我表述,进一步理清教学设计思路,保障过程设计合理性的行为。开展自我说课,重述教学思路让自己倾听,达到对教学思路的明晰和自检;把隐藏在设计之后的教学理念用语言来展示,进一步确认教学理念应用的合理性;把缄默的教学智慧以及设计中的隐性知识用语言来显化,通过自我听觉的判断,论证其合理性,促进自我对教学设计的掌握,为之后的交流和向他阐述奠定基础。因此,自主表述、自我说课作为元教学行动的主要手段和方式,引导着教师对教学设计的自我检验、自我论证,促进着教师对教学设计及其思路形成自觉的反思。

其三,实施教学预演,理顺教学流程。预演作为教学设计的最终环节,它对保证教学方案的顺利实施和确保教学质量具有重要作用。[②] 预演行为既以可是一种外显的,也可是内隐的,相对于内隐的,外显式的预演作用效果更佳。通过语言演练,凸显教学思想,优化教学组织;通过教学内容演练,检验教学内容设计之合理性;通过教学方法演练,掌握方法,确认方法的恰

---

① 王春光.反思型教师教育研究[D].长春:东北师范大学,2007:102-152.
② 赵良渊,成晓龙,王彤.浅谈青年教师如何掌握教学方法[J].山西医科大学学报(基础医学教育版),2004,6(01):91.

当;通过教学流程演练,检验教学设计环节之流畅性,预测教学过程,为教学生成留下空间。

二、监控教学过程,达到对教学的自我监控与调节

用心监察,时时自检,确保监察与自检的互动,监察主要表现为聆听教学声音、观察教学现象、获得教学情况;而自检是在获取监察情况之后的行为,是调控教学现场的准备行为。由于教育的情景通常不允许教师停顿下来进行反思、分析情况,仔细考虑各种可能的选择,决定最佳的行动方案,然后付诸行动,[①]它需要当机立断,所以监察和自检属于瞬间内隐行为,要同时作用于教学过程,以达到对教学自我的认识。

基于监察与自检结果开展及时反馈,达到教学调控的目的。反馈是教师自我监控和调节的主要外显行为,是良好调控行为判断的主要依据,反馈的效果能够反映出教师监察和自检的合理性和有效性。同时反馈的合理性依赖于教师课堂的监察和自检等元监控行为执行,取决于教师对学生、课堂情境的敏感度,需要教师丰富的教学知识和教育智慧作为基础。反馈是教学机智的外显活动,它可能是一个表情、一个动作或一段沉默,反馈就是要能够及时针对学生的表现改变或调整教学计划,能够在课堂中针对学生的不同表现给予及时的引导,能够开展一个讨论而不耽误课程,不打断学生而给予充分施展的空间,不拘泥于教材开展适合学生的教学活动,等等。

监察、自检和反馈这3个活动在教学过程中继时依次进行,主要是由教师通过监控个人行为及课堂情境,开展及时的评价和调节,以确保教学过程顺利和教学互动的效能。这3个活动虽发生于瞬间,但却是教师教学智慧的体现,它们是教师日积月累之教学经验的自动化表现。如何把握这些行为,引导并促进这些行为的合理发展,主要依赖于教师对学生的认识、对学科的认识,以及对自我的认识,它们形成于教师对教学实践的不断反思和实践之中。所以,这些行为虽发生于教学之中,但却来源于教学之前的明晰和教学之后的反思。

---

① 范梅南.教学机智:教育智慧的意蕴[M].李树英,译.北京:教育科学出版社,2001:144.

三、检测教学结果,开展自我反思,获得教学发展

从教师自身发展角度来讲,检测教学结果的方法应趋向于发展性和过程性的评价。教师自我反思过程是通过言语交流和自我总结等定性而非定量的诊断形式,以教师对教学过程的回顾以及对教学结果的认识和对教学经验的总结为载体,在学习、对话和研究等行动中,让教师进一步深入分析教学结果,认清教学发展趋势,改进教学行动。

与课堂、与自己对话,认识教学效果。与课堂对话的主要手段是教学录像分析,它可以通过再现教学过程,在教学过程的回顾中,通过和原有教学计划及自己的教学设想做对比与分析,形成与课堂的对话——"课堂表现是什么?""为什么会有这些?""我想展现的是什么?""是否达到了预期?"……通过审视和检视课堂教学实况,为未来理想的课堂设计提供修正方案,从而达到自我调控的目的。这一过程是教师对自己教学的认识过程,是检验教学行为的主要手段。学会与自己对话的人都会发现,教师的内心是他们所遇到的最通达、清醒的对话伙伴,和自己内心对话,是培养自我认同和自身完整的重要手段,有利于教师认识自己以及他所面对的学生,有利于维持良好教学秩序和保障教学生命活力。[1] 教师和自己对话的一种重要方式是教学撰写日志,把自己近期的典型事件或案例记录并做一分析,与自己对话有利于教师及时进行总结和反思,发现教学问题,及时进行修正和调整,积累研究素材,为系统化教学思想的成型奠定基础。

向他人学习、开展行动研究,把握教学发展趋势。"教学是无止境的相遇"[2]。教学过程具有不可预测性,学生的差异性、学习环境的复杂性、教学空间的开放性等因素,让教学充满了变化性和发展性。如何把握这个永无止境的活动?向他人学习,通过阅读资料、网络资源、网络交流平台等手段,向同事、向同行、向专家学习,了解新教学理念、教学方式以及评价方式,学习他人的教学设计和经验,进一步反思自己的教学实践,更新教学思路,同

---

[1] 帕尔默.教学勇气:漫步教师心灵[M].吴国珍,等译.上海:华东师范大学出版社,2014:2.

[2] 帕尔默.教学勇气:漫步教师心灵[M].吴国珍,等译.上海:华东师范大学出版社,2014:2.

时也为教学研究积累材料。行动研究是教师的元教学行动得以发挥和自动化发展的平台,也是提升教师元教学能力的重要措施。开展行动研究,把先进的教学理念变为教学行为,探究其在教学中的有效性;把新的教学方法付诸实践,确定其在教学中的合理性;用教学实验来实践自己的教学设想,检验自己的教学思想,形成自己的教学特色;通过行动研究增进教师对理性和正义行动的自我反省,实现科研与教研的有效结合,改善教学,提高质量。

第二节　个体内生成力要素的互动路径

从人个体发展的角度来看,元教学行动的实践以及能力的发展也需要通过个体内系统要素的相互作用来进行推动。人类的个体内系统包括生理系统、神经系统、反应控制系统、运动系统等,这些系统之间的相互作用,是人的动物本能的体现。人作为文化人,其与外部世界的联系,依赖于神经系统、反应控制系统的发展,更多需要人的意识、情感、需要、能力的支撑,其发展是在这些反应要素之间相互作用和融合的基础上形成的。教学作为教师工作的核心,教学需要、教学情感、教学意识以及教学能力就构成了教学系统中的核心反应要素,它们在个体内形成互动,推动着个体内生力的生成,对于教师个体教学能力以及元教学能力的发展起到重要的作用。

一、个体内生力形成的核心反应要素

教学意识是个体内生力的要素之一,意识具有主观存在性,或者观念性和精神性。教学意识是教师对教学所形成的主观认知、意向和决策的观念组合;教学知识是教学意识的基础,它不仅包含教师对教学本体知识的理解,还包括对教学与人、与社会、与自己之间关系及其价值的认知。意向表达了教学者对教学意愿和向往的追求,是意识形成的动力要素,没有意向,教学知识无从获得,决策观念也失去动力。而决策表达了意识作用于实践的方法和策略,是意识转化为实践的重要推动力。

教学情感是个体内生力的要素之二,情感催生着人作为个体的自立、自主和自动等要素的生成。教学情感表达的是教师对教学的一种主观态度,这种态度生成于教学,又反作用于教学,这种双向的调节作用决定了教学情

感在教师个体教学发展中的重要地位。教学情感既可以作为教学自主发展的催生力量,又可形成阻碍教学自主发展的抑制因素。教学情感的类别可依人的情感划分为理智感、道德感和美感。理智感就是教学本体的理性追求,它不完全依赖于个体的主观意愿,是一种客观的教学反应,反映客观标准;道德感是教学对善的追求,这种情感形成依赖于社会的道德标准和规范,追求于教学与社会的协调及教学中人际关系的协调和和谐;美感是一种最高形式的教学情感,来源于教学本质的理解和个体解读,追求的是对教学、社会、人整体和谐之美,是一种没有限制的美。[①]

教学需要是个体内生力的要素之三,展现着教学现实与教学理想之间的距离。教学需要的产生是教学理想追求下的实践体现,是教师个体自觉发展的动力。教学需要形成于教学实践,并且在实践中随着教师主体条件的变化和客观条件的变化,不断发生改变而生成,因此,生成教学、把握教学需要本身也反映了教师个体的主动性。需要有物质需要和精神需要之分,由于教学本身是一种活动,是教师与学生、与社会的一种互动过程,教师在教学中有对自我发展的追求,有对学生发展的追求,也有需要协调教学关系的需求,这也就和成就需要、权利需要和合群需要的分类不谋而合。成就需要是希望在教学中获得比他人更高的成就,有超越他人而凸显自身教学价值的需要;权利需要是希望有控制他人的需要,在此"控制"并非贬义词,教学中的权利需要是教师个体成熟的标志,教师的权利有对教材的解读和个性化加工的权利,开展教学设计、评价学生等权利都是教师作为一个教学生态场域中主体立场的需求。

教学利益是个体内生力的要素之四,是教师在获得教学幸福感的过程中所获得的各种条件的总和。利益是人达到幸福所必需的东西,这种东西具有个性化的特征,不同人对幸福的体验不同,人的真正利益是一种长远的利益,是健康的、发展的,是有利于个体作为人类成员而获得生存和发展的各种条件的总和。教师群体对教学幸福感的体验,既有共同的,也有个性的,共同的幸福感既有物质刺激,也有精神享受,教学利益也有3种表现形态,即物质利益、政治利益和文化利益。这3种利益对于教师自我的认同和

[①] 韩民青.当代哲学人类学:第2卷 人类的组合:从个体、群体到整体[M].南宁:广西人民出版社,1998:74-76.

发展缺一不可:物质利益为教师的生存提供了基础;政治利益能够让教师认识到自身在国家、民族发展中的贡献和地位;文化利益是长远利益的一种体现,能够让教师体会到自身对于社会和文化发展的价值。

教学能力是个体内生力的要素之五,是教师在教学中通过与社会、与学生发生相互作用而表现出来的特定性能和力量。教学能力生成于教学活动之中,包括教学管理能力、教学设计能力、教学表达能力、教学组织能力、教学评价能力以及教学改进能力,这些能力展示着教师处理教师与学生、学生与教材、学生与学生、教师与教材、教师与学校等之间的活动关系,是教师作为教学活动中核心成员所应具有的基本能力。

二、个体内的生成力要素关系

教师个体的发展,首先来自教学意识、教学情感、教学需要、教学利益以及教学能力之间的互动。这5个要素之间既相互区别又相互关联,它们在教师个体内相互作用,形成教师个体发展的内生力。教学意识是基础,它是教师对教学的最基本认识,是教师教学智能和能力发展的基础。教学情感是教学意识的情绪体现,教学情感是引导教学需要产生和教学发展的前提条件。在教师的发展中,教学意识作为主观世界的形成依赖于教学情感的作用,没有情感,教学就会失去自立自动的发展能力,教师就不能真正成为活动主体。教学需要和教学利益是教学发展的驱动力,教学需要也是教学意识的理性反映,是教学意识作用的产物,没有教学意识,教学需要就成了无源之水。教学利益不同于教学需要,需要表达着一种活动状态,可能是一种潜存的动力,利益是需要的对象,有具体的表现形式;教学利益不仅是教学发展的动力,它还是教学生存和发展的条件。高层次教学利益追求是良好的教学意识的反映,没有良好的教学意识,教学利益的追求可能因限于自私的物质追求而失去其文化发展意义。教学能力是教师生存的力量,是教师个体内生力的主要外部表现,其他要素都是教学能力发展的前提和基础,而教学能力也会反作用于其他要素,例如增长教学意识、激发教学情感、产生教学需要、获得教学利益等。在教师个体发展内生力的形成中,这5个要素相互影响、相互作用,它们通过为教学能力提供基础、环境和动力而影响教学能力,从而让内生力作用系统形成良性循环。

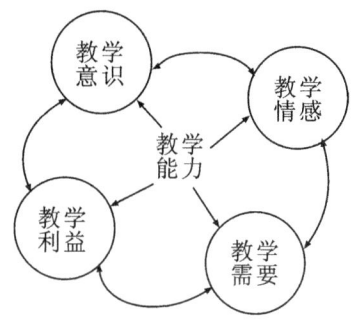

图 7-1 个体内教学发展要素及其关系

三、个体内生力发展的路径

教师个体内生力的发展既需要教师个体内形成要素之间的相互作用，同时也需要教师对各个要素的目标做一规划和调整，这样才能有效地形成教学发展的内生力。

（一）以教学知识为基础，明确教学的理性目标

教学理性目标是教学应有的追求，涉及教学与学生、教学与社会、教学与教师自己的关系。对于学生来说，教学的理性目标直接明了，就是把学生培养成一个全面发展的人；对于社会来说，教学的理性目标就是要为社会输送满足社会需要的人；对于教师来说，教学是教师智慧外部表现，教学效果是教师自我价值的一种体现，教学目标就是把自己的教学智慧以最优的方式展现出来，促进学生的学习理解，达到良好的教学效能体验。

教学知识及其价值的认识影响着教学意识的方向和决策。教师教学知识主要从以下 3 个方面来实现：一是本体性教学知识，如教育学、心理学、学科内容、技术等学科知识，这些知识的形成主要依赖于教师前期的理论学习；二是教学实践知识，是教师在个体教学经验中积累起来的关于教学的知识，依赖于教师在教学实践场域的活动经验，是本体性知识在实践中的具体表现；三是教学环境知识。三者的关系是：教学本体知识和实践知识是环境知识的基础，环境知识是教师与教学环境相互作用而形成的，表达了教师对周围社会、文化以及物理环境的认识，重在体现教学之于环境的作用和价值。良好的教学知识储备能够保证教学意识方向明确、决策有效。在教师个体内生力形成中，教师要拥有自觉学习知识、积累知识、总结知识的习惯，

这样才能不断地从本体性的教学知识转向实践性的教学知识,进而形成社会性的教学知识。

(二)以教学理性为导向,努力追求高层次的教学美感

教学情感影响着教师内生力发展的方向。和人的一般情感一样,教学情感也涉及理智感、道德感和美感3个方面[①]。

理智感的形成来源于对教学本身的理解,是教学理性目标的客观反映,是教学情感的应有表现。教学理智感忽略主观情感,以客观教学需求为基础,不会因为教师个体情感的变化而改变,在教学中表现为能够跟随教学情境的需求而发生情感变化,能够在教学中保持理智而不受个体价值取向或者个体心态的影响,以集体需要为前提,保证教学情感对于教学对象的积极影响力,保证教学情感的普适性。例如,教学热情就是理智感的一种表现,表现为强有力的、稳定而浓厚的教学情感,这种情感能够更好地传递教学信息,会给教学对象带来有力的、稳定而浓厚的影响。而相反情绪化的教学表现则不利于教学的开展,会把个体的情绪带入教学,会影响教学对象的学习。虽然教学激情也是一种积极的理智感表现,但是由于这种情感短暂而不稳定,容易发生变化,因此,它不适于教学的一般需要。

道德感是关键,道德感来源于教学中对善的追求,表现为教学中对他人的关爱和对教学的热爱。具体来说,道德感就是一种能够在教学中自觉履行一个人的道德规范,并且能以道德的观念来引导人的情感表现。对于教师来说,师德表现与教书育人同时反映了道德感的两个层面:一是对教师的要求——教师需要具有师德风范,不仅仅作为一个社会的具有道德规范的人,而且要作为学生行为的楷模;二是教师对学生的要求——能够在教学引导中育人,使学生向善的方面发展,成为一个良好的公民。

美感是灵魂,教学之美在于人,在于人之于教学的理解和欣赏。美感主要表现为教师对教学的一种艺术享受——把教材当作艺术创作的素材,把教学设计当作一个艺术品,把学生当作艺术鉴赏者,通过教学活动的开展产生一场心灵体验。教学美感的形成中,不再把教学当作一个任务,它视教学活动为一个艺术创作的过程,希望通过自己的智慧与艺术的完美

---

① 韩民青. 当代哲学人类学:第2卷 人类的组合:从个体、群体到整体[M]. 南宁:广西人民出版社,1998:74-75.

结合,创作一个艺术品。具有教学美感的教师与学生之间的关系能够充分地体现生本教学的思想,事实上,学生作为教学的鉴赏者,具有评判教学的权利和义务。理智感和道德感是教学美感形成的基础,只有充分认识教学需求和教学与周围环境之间的关系,才会为教学美感的形成提供丰富的创作和体验土壤。

(三)以基本物质利益的满足为条件,探寻教学之于个体的文化利益

利益在人的生存和发展中有重要的地位,教学利益是由于教学这项活动而带给教学主体的利益,在此我们只讨论教师的教学利益。教师利益中物质利益是基础,政治利益是保障,文化利益是最高追求。[①] 首先,追求基本的物质利益是教学发展的前提,能够为教师的教学生存提供基本条件,同时在作为教师教学发展的基本物质利益满足的条件下,探寻教学之于个体的文化利益驱动力。但是物质利益的无限扩大容易导致贪婪的习性,因此追求"真善美"的物质利益应该成为教师教学利益的基本出发点。其次,教师作为班级生活的引领者,作为学校活动的主体,作为社会生活的一分子,其相对于一般人具有更多政治生活的需求和经历,政治利益的享受机会也会更多一些,在教学生活中,教师应该充分认识到政治利益的体验和追求之于个体的价值,在参与班级和学校生活的条件下,充分享受在不同角色状态下与社会、与学生、与同事、与家长交流中的政治责任和权利:对于社会,他是一种规范的引领;对于学生,他是一种榜样的楷模;对于家长,他是一个值得信赖的依靠;对于同事,他是参照的对象。教师在这些角色中感受到个体带给他人利益的同时,也能享受到自己在这些关系处理中那种独特的权利以及受人尊重的快乐,享受在与他人交流中所获得的民主和自由。最后,多元的文化利益追求应该成为教师教学的最高利益享受,教学对于自身参与科学活动、文艺活动、健康体育活动以及开展家庭教育都具有引导作用,教学的理性能为自身参与文化生活形成良好判断和决策能力,教学的资源为参与文化生活提供物质条件;教学

[①] 韩民青.当代哲学人类学:第2卷 人类的组合:从个体、群体到整体[M].南宁:广西人民出版社,1998:74-75.

活动本身不但是科学的、文艺的和体育的活动,而且教学活动中需要教师教学思维跟进来引导教学活动的良性开展,因此,教学思维的不断需求促进教师的大脑保持活力,从而有益于教师的身体健康。

第三节 个体间互动的发展路径

元教学是指教师对自己教学整体过程进行思考的一种认识活动。元教学建立在个体专业自觉发展的基础上,是个体通过专业学习、实践探究、自我反思等行动而获得的一种对教学的自我认识和自我调控活动。[①] 基于元教学理念的行动,即元教学行动,比单纯的教学行动更具意识性和认知性,能够对教学的有效开展和教师的专业发展发挥积极的促进作用。然而在实践中,由于工作负担、社会压力以及教师个体的行动和思维等因素的影响,即使教师能够认识到元教学行动的重要性,往往也很难落实这些行动,从而导致教师的行动和意识发生偏离。那么,在教师自主性发挥受限或难以保持的前提下,他们的元教学意识和元教学行动如何获得激发和引导,以保证教学效率和促进教师自我发展?这是教师教育者和教师教育对象(在职教师[②])共同面临的问题。基于此,下文引入互动式元教学的概念,旨在提供一种互惠性教师教育新路径。

一、互动式元教学的概念

(一)互动式元教学的由来

"互动式元教学"这个概念是受到 Alison Clark – Wilson 等人提出的"元教学迁移(meta-didactical transposition)"[③]启发而形成。"元教学迁移"主要是针对数学教师教育的质量提升而产生的,其核心观点是把教师教育活动当作中介,在引导教师教育者和在职教师双方开展互动的基础上,激发在职

---

① 陈晓端. 元教学研究引论[J]. 陕西师范大学学报(哲学社会科学版),2011,40(01):150 – 155.

② 文中主要讨论职后教师教育,其中的教师教育对象是指在职教师,为了行文方便简洁,下文的教师教育对象统一使用"在职教师"一词。

③ CLARK-WILSON, ROBUTTI, SINCLAIR. The mathematics teacher in digital era[M]. Springer Dordrecht Heidelberg, New York London. 2014:132.

教师的元教学意识。"元教学迁移"样态的存在性已经在多个研究中获得认可和证实,例如Schön等人的研究中肯定了在职教师之间或在职教师与教师教育者之间批判反思的价值[1];Jaworski的研究中证实,给予在职教师展示自己教学理解的机会能够让在职教师重新认识自己的教学角色以及专业特点,加强教师教育双方相互交流,有利于促进在职教师元教学行为的践行,有利于个人在互动中获得自我理解和超越。[2]

但事实上,作为教师教育共同体中的核心力量——教师教育者,也存在着教学和专业发展困境[3],且其专业发展在很大程度上与在职教师教学实践密切相关,因此,教师教育活动中引导教师教育者的元教学实践同样重要,教师教育活动中的元教学应该是一种双向迁移。然而,在Alison Clark - Wilson等人的研究中所提出的"元教学迁移"主要是指单向迁移,其教师教育活动的目标指向只是在职教师元教学行为改善,而且从词义角度来分析,"元教学迁移"一词在表达双向的、互惠的效果方面仍有些不精确。那么,为了更精确地体现教师教育双方的这种互动和互惠的效果,引入"互动式元教学"。

(二)互动式元教学概念

互动式元教学,顾名思义,它形成于两个群体之间,是通过两个群体之间的交互引起双方对自身教学进行反思的一种活动,"互动"是一种他我活动,而"元"是一种自我认知活动,把这两个词语用在此处看似对立,但实际上并不矛盾,因为它是通过"互动"形成的他我认识来促进"元"意识和活动,通过"元"概念的建立反过来作用于"互动"过程,由此形成不断地由社会互动到自我促动的循环运动发展过程。

互动是主体间的一种社会活动,教师教育者和在职教师在受到彼此观念影响的前提下相互顺应和同化,如图7-2。在正三棱柱中,水平方向的三

---

[1] TOWNSEND R. Educating the reflective practitioner: toward a new design for teaching and learning in the professions[J]. Australian Journal of Adult Learning,2010,50(02):448-452.

[2] JAWORSKI B. Research practice into/influencing mathematics teaching and learning development: Towards a theoretical framework based on co-learning partnerships[J]. Educational Studies in Mathematics, 2003,54(2-3).

[3] 刘径言.高校教师教育者的专业成长:特征、困境与路径[J].教师教育研究,2015,27(03):13-18.

角形代表着主体间的互动状态,垂直方向代表着自我的内部发展状态,水平的二维平面代表社会互动过程(由教师教育者和在职教师的行为、共享行为构成的三角形,记为△1),垂直方向代表自我内部的认知过程,同时也是元教学意识和行动的形成过程,由此教师教育活动形成了一个三维立体的互动式元教学过程。如图 7-2 所示,最底部三角形(△1)代表了主体间性活动过程,活动的结果是形成了一种共享行为;垂直于最底部三角形(△1)的△2(由共享行为、教师教育者原有行为和新行为组成)和△3(由共享行为、在职教师的原有行为和新行为组成)分别代表共享行为对教师教育者和在职教师的行为产生作用的过程,是双方的主我与客我不断作用的过程,体现了教师教育者和在职教师的自我发展过程,在这个过程中他们分别对自身原有的教学行为进行反思和改进,从而形成了一套方案,即称为元教学行为。如果把这种行为作用于他们的教学过程,那么双方各自便形成了新的教学行为。在教师教育者和在职教师新行为的作用下,会再次通过社会互动形成新的共享行为。如图 7-2 所示,在三棱柱的上部形成了一个新△4,代表着比原有△1 更高一个层次,如此循环,可以不断通过互动给予教师教育双方提供新鲜的血液。

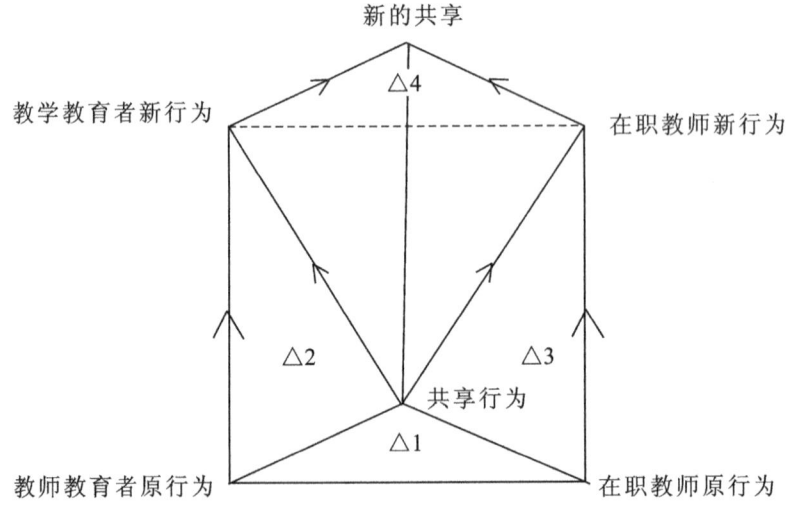

图 7-2 互动式元教学概念建构

二、互动式元教学与元教学的区别与联系

互动式元教学和元教学既有联系又有区别。两者的共同之处在于,它们共同作用的对象是教学,且终极目标都是让主体理解教学、认识教学、改进教学。此处的元教学不同于一般意义上教师个体自觉发展而形成的元教学,它是建立在类主体互动基础上的对教学的再认和理解,这种过程通过沟通、交流、分享学习资源等方式让互动双方在达到对教学产生"互识"和"共识"的基础上,引导个体的现在与个体的过去开展对话,重新审视教学中的问题,以此来获得对教学的再理解和再认识,进而达到对教学的自我明晰。两者的不同之处具体表现在以下5个方面。

其一,两者的活动类型表现不一。元教学是一种个体的自我行为,表现为个体对教学的自我认识;而"互动"是一种社会性行为,互动式元教学是社会性行为和个体性行为的统一,需要个体把社会性行为中获得的认知转化为个体性行为,通过社会互动引发个体自我反思。

其二,两者的价值取向表现不一。在主体间性活动中,任何人都同时是主体又是他者,"我"为他者负责,他者促"我"思考,才能保持平等的互动关系。[①] 在元教学过程中,教师要追求个体的自我实现,对他者的责任更多体现为对学生的观照;而在互动式元教学中,教师教育者和在职教师双方都在追求自我价值的实现,同时他们又需要观照对方,并为对方负责,要通过交流贡献智慧以实现刺激互动,因此,互动双方共同承担着责任且都会在任务完成中获得自我发展。

其三,两者的动力源不同。元教学的动力源直接来源于个体本身对教学的认识,这种认识间接地受到个体体验、学习、交流等多种因素的影响;而互动式元教学的动力源除了受个体认识的影响之外,直接地受到两类群体互动过程或他者的影响,更多的观念形成于交流活动中,因此,互动式元教学可以避免个体陷入自我困扰的误区,给予个体以更大的空间,让个体的自我认知达到成熟。

其四,从主—客相关律的角度来看元教学和互动式元教学也有区别。

---

① 刘要悟,柴楠. 从主体性、主体间性到他者性:教学交往的范式转型[J]. 教育研究,2015,36(02):102-109.

元教学是一种建立在"主体—客体"二元关系上的活动:教师教育者或在职教师是主体,他们的教学活动是客体;互动式元教学过程是主体间活动,主体和主体之间通过一个中介的共同客体相互作用,形成"主体—客体—主体"关系纽带,这种关系符合主客体相关律,[①]相比元教学,这种过程更有利于主体间的互动及其良性循环。

其五,相比元教学过程,互动式元教学过程是一种双重辩证过程。双重辩证法在内容上可以简要地理解为一种互动与共存的辩证法。[②] 双重辩证过程的基础是教学水平上的存在,是在职教师个体在课堂中、在与学生对话中通过对教学本真的体验而形成的关于教学的认识,这是元教学和互动式元教学发生的基础条件。在互动式元教学中,双重辩证过程的第一层次来源于教师教育者与在职教师之间的互动,在互动中随着各自对教学理解的对比与变化而形成一种共享行为,这是一种存在与互动的辩证过程(如图7-2的△1)。双重辩证的第二层来源于元水平上的辩证过程,是在共存行为与自我认识之间的辩证活动中,形成新的教学认识(如图7-2中的△2和△3),因此,互动式元教学是存在与互动、共存与互动的双重辩证过程。在双重辩证活动中,教师教育者和在职教师改变或接受对方的观念或行为,获得专业成长。

三、互动式元教学的实践与理论依据

(一)互动式元教学的实践基础

教师教育活动为教师教育者和在职教师的互动以及互动式元教学的开展提供了基础条件。教师教育者和在职教师都面临着共同的任务——教学,"认识教学、理解教学"这个共同的目标为两个群体之间的互动奠定了前提基础。教师教育活动是两个群体之间的联系纽带,在这个活动中他们分别作为教学理论与实践的代言人,相互吸引着对方在理论与实践分享中获得成长。事实上,在职教师的教育计划以及教育发展规划主要是由教师教

---

① 冯向东.从"主体间性"看教学活动的要素关系[J].高等教育研究,2004(05):25-30.

② 扎拉嘎.互动哲学:后辩证法与西方后辩证法史略[M].北京:中国社会科学出版社.2007.

育者在教育政策及政府的指引下设计和制订的;而一线教师群体主要是作为教师教育或计划实施的对象,在通过自愿或政府资助等方式参与教师教育计划、执行教育政策。因此,这两个群体可以在多个层面,如学校规划、课程设计、教材设计、教学实施等,获得交流机遇从而开展互动。

教师教育活动中互动双方具有专业吸引力,教师教育者和一线教师的工作内容、工作方式互为补充又相互吸引,两者有效地结合是教师教育发展的巨大财富。一线教师整天忙于日常教学,处理中小学生学习等琐碎事务,他们最关注的问题是"如何教、如何有效地教学"等实践问题,对于教学活动的理性反思不够深入,其主要原因在于他们相比教师教育者缺乏理论的武装;教师教育者面对的教学对象是未来的教师及在职教师,他们的教学目标是为在职教师以及教育事业的发展提供方向,他们更多的任务指向研究教学实践和研究教师,他们有更多的时间和空间去从事研究和思考活动,但是他们对教学一线的实践缺乏体会。由此,教师教育者和在职教师的专业特长相互吸引着对方,且能让他们在相互学习的基础上获得元教学行动的动力[1]。对于教师教育者来说,其研究的对象与在职教师有重要联系,他需要从在职教师那里获得关于教育基本现状的认识——收集研究资料,寻找研究的契机;而在职教师需要在教师教育者那里获取新的教育思想和方法,以扩大自己的教学视野,检验和引导自己的教学发展。因此,教师教育者和在职教师之间存在着一种研究与被研究、学习与被学习的互动状态,这种互动为教师教育活动双方的专业发展提供了契机,有利于促进二者在各自的教学研究领域获得支持和发展动力。

(二)互动式元教学的理论依据

主体间性理论和社会交往理论共同论证了互动在教师教育活动中的重要性,并为互动指明了方向和目标。人类社会正处在从个体存在走向类存在的历史时期,个人主体应让位于类主体,[2]个人的主体性应在类活动中通过交往得到不断丰富和发展。胡塞尔认为,为了使先验现象学摆脱"为我

---

[1] CLARK-WILSON, ROBUTTI, SINCLAIR. The mathematics teacher in digital era[M]. Springer Dordrecht Heidelberg, New York London,2014:230.

[2] 高清海.人类正在走向自觉的"类存在"[J].吉林大学社会科学学报,1998(01):1-12.

论"或"自我论"的危机,现象学必须从"自我"走向"他人",从单数的"我"走向复数的"我们",即从"主体性"走向"主体间性"。① 类主体具有共同属性,教师教育者和在职教师两个群体具有共同属性——同属于教师群体、从事教学活动。这种共同属性是与个体发展直接相关的,有利于个体在主体性发展中相互借鉴;这两个群体之间有理论取向和实践取向之别,体现了类主体共同属性的不同表现形式,有利于弥补个体发展中的不足,扩展个体知识领域和发展的空间。同时,社会交往理论论证了自我的意识建构过程需要他者的态度来作用于个体,交往行为作为教师教育者和在职教师走向类生活的主要活动形式,能够引导他们在教学的基础上开展对话和商谈,让双方达到对教学的理解并促进教学的有效进行,他们之间的交往行为是一种从主体到主体间性的转变活动,并且这种主体间性活动能够引导主体获得自由和解放。反之,如果教师发展中缺乏他者的促动、缺乏主体间性的交往活动,那么教师的主体性是封闭、枯燥和孤独的,容易陷入"自我论"的误区。因此,教师教育者和在职教师之间互动价值在于把个体带入类主体活动,避免个人在主体活动中所面临的困惑,由他我不断认识自我而获得自我超越。

米德的自我理论认为自我发展是在个体理性思考和社会性互动的共同作用之后的超越。一方面,自我产生于社会经验,自我发展的程度取决于共同体,②个体需要从和他处于同一社会群体的其他个体成员的特殊立场出发,来经验他的自我本身。从这个角度来看,教师教育者和在职教师属于需要获得教学发展的共同体,他们之间的互动能够为双方提供需要的经验,互动是双方沟通的桥梁和手段,互动的目标在于促进教师教育活动双方都能在发挥主体性的过程中获得自我发展。另一方面,自我意识的建构不是单纯的社会性活动过程,它在某种程度上要超越共同体的价值观念,③超越主体间性,是个体在对主体间关系的体验中完成的,需要个体的理性玄思,需

---

① 岳伟,王坤庆.主体间性:当代主体教育的价值追求[J].华东师范大学学报(教育科学版),2004(02):1-6,36.
② 米德.心灵、自我与社会[M].霍桂桓,译.北京:华夏出版社,1999:286.
③ 李和臣,仰海峰.自我的构成与历史认识中的主体间性[J].教学与研究,2005(02):13-18.

要个体作为一个自我或者一个个体进入他自己的经验,来解构个体、认识个体。因此,个体自我意识的建构和自我发展过程,就是个体理性思考与社会性互动的辩证统一过程,是在个体觉察到的"主我"与社会关系中要求的"客我"之间的互动中,通过这两种活动使得互动双方从主体间发展走向自我发展,引导个体形成并获得自我认识。对于教师教育活动双方来说,自我意识的形成过程就是他们对教学过程反思和理解的过程,是他们元教学意识的形成过程,是让双方认识教学、学习教学、发展教学的过程。主体间性活动经验是教师教育发展的基础,主体间性活动给予个体主体性施展的动力和开展反思的手段。进而,教师教育者和在职教师两类群体应该在进行主体间活动的基础上,通过主客体之间的相互对话以及通过他者的经验和观念与个体经验的不断互动,对主体间活动的经验进行加工和内化——超越主体间性活动经验——成为每个个体发展的经验,这样才能促进教师教育活动双方达到对教学的自我理解和自我完善。

四、互动式元教学的过程阐释

互动式元教学生成于一般教师教育活动过程之中,但是相比之下,又在活动方式、活动内容以及活动影响因素等方面表现出其特殊性。

其一,互动式元教学是教师教育双方不断进行同化和顺应,经历由不平衡到平衡、由互动行为到自我认知再到行为改善的过程。在活动之初,教师教育者可能与在职教师拥有共同的观点,但在活动之后其拥有的某些观点可能发生改变。与此同时,教师教育者原有的教学认识或教学行为也会发生改变。例如,教师教育者会在互动过程中发现在职教师某些教学知识的缺陷或教学行为的弊端,他一方面会把一些新的发现纳入已有对在职教师的认知中,丰富教师教育理论和知识(同化);另一方面改变自己对教师知识特征的已有认识,更新自己的学科教学知识结构(顺应),在同化与顺应的不断作用下,他们也会反思教师教育计划并将其分享于在职教师群体之中,从而形成新的教师教育或研究行为。对于在职教师来说,他们在参与教师教育者的教育之前,可能还不具有某些观点,需要在教师教育计划中加以引导及加强。例如,当他们在教师教育计划中遇到一些新颖的观点或任务解决方法,他们可能会通过替代(顺应)、更新(同化)等策略丰富已有认知,使原有的教学认知结构发生改变,从而产生新的教学行为。因此,教师教育活动双方的行为在互动中在不断给对方带来新的影响同时也刺激着自己的行为和意识变化,他们不断互动和更新便形成一种共享行为,通过共享行为促进双方元教学行为和新教学行为的产生,然后再次作用于两个群体之间的互动,这个过程不断地重复,就形成了互动式的元教学(如图7-3所示)。

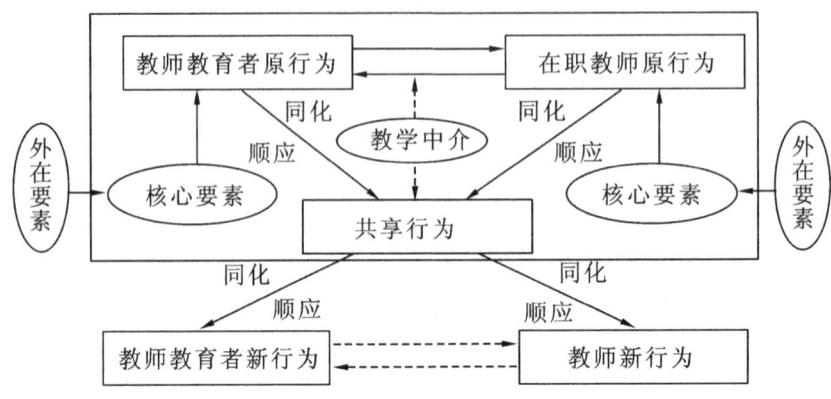

图7-3 教师教育者与在职教师之间进行互动式元教学的过程

其二,良好的中介客体是互动式元教学过程实现的重要条件。中介客体的存在既能使教师教育活动符合主客体二元律的要求,又能促进主体间的互动。诚如庞朴先生所言,"中之能介,中之能融,便正是它独立于左右之外、独立发挥作用的表现"[①],合理的中介话题能够引导主体间的对话走向深入,刺激个体的自我意识,问题或任务形式的中介有利于激发双方的参与意识。互动式元教学活动的中介任务应属于教学范畴,既满足在职教师的教学发展所需,又适应教师教育者的研究所思,达到激发双方元教学意识和元教学行为形成的目的。由于互动双方都具有主体性,任务可以由教师教育者或在职教师任何一方提出。例如,在教师教育活动中,教师教育者讲到一个例子:"'如何引导学生比较$\frac{2}{3}$和$\frac{201}{301}$的大小?''当把它改编成如若你在打球的过程中,你的比分从200∶300到201∶301,是否能说明你的分数增加了?'那么,为什么开始的问题给学生造成了困难?而后来的问题让学生理解变得容易?"在这个任务提出后,在职教师通过与教师教育者的对话,认识

---

① 庞朴.中庸与三分[J].文史哲,2000(04),21-27.

到"学生对数学的理解需要从生活的情景入手逐步过渡到符号的正规的表征",通过互动掌握了"如何把数学知识转化为促进教学的数学知识",使得教师个体主体性得到丰富。同时这个任务会引起在职教师思考"我的教学设计是什么样的?有没有考虑到知识的转化问题?学生在我的教学设计下是否也得到了发展?……"于是,在职教师现在与过去开展对话,形成元教学的意识,获得元教学的行动指引。而对教师教育者来讲,在与在职教师的对话中可察觉到"教师教学知识的表征形态""教师教学知识转化的流畅性"等等,通过教师教育者的现在与过去之间的对话,他们会发现在职教师在学科教学知识结构以及学科教学知识能力发展方面存在的一些问题,据此便能够印证或修正他们已有的教师教育研究结果,从而形成新的研究趋向。

其三,教学的内外因素影响着教师教育活动的目标,但是在互动式元教学过程中,这些因素的影响作用取决于两类群体之间的互动效果。至于哪些是互动过程中影响在职教师新行为产生的核心要素,则取决于两类群体之间的互动过程和结果,这是一个动态的辩证过程。一般来说,促进新行为形成的核心要素是客体(中介任务),一般的教学活动、教学知识或任务、教学信念都会作为互动的内部核心要素而存在,[1]如果互动指向不明确,则会出现核心要素边缘化的现象。例如上述的教学知识转化问题,可能在讨论中双方都强烈认为到教师知识转化问题与现有的评价体系有关,是他们讨论所无法改变的,于是这个任务将不再成为影响他们互动的核心要素,教师教育者和在职教师也不会就此问题再接着深究下去,于是中介客体将失去其促动双方自我反思的作用,原有的目标设计(引导大家认识知识转化、学会知识转化等)将不再形成。然而,有效的互动能把本属于教学的外部因素转化为核心因素,促进双方行为的改进。一般来说,教育计划、课程内容、评价体系、学校规划、技术平台等因素本都是作为双方开展互动的外部条件而存在,当一个在职教师在一个教育计划中引入了一个新的信息技术手段,刚开始这项技术对于教师教育者来说是一个外部客观工具,他会把它当作一个普通教具对待甚至可能会反对这种技术,而随着在职教师和教师教育者

---

[1] CLARKE D, HOLLINGSWORTH H. Elaborating a model of teacher professional growth [J]. Teaching and Teacher Education, 2002, 18(08): 947—967.

对这项技术不断深入的探究和实践,随着他们对技术教育价值的深度认识,这项技术便成为影响他们教学行为的核心因素,教师教育者把这项技术作为自己一个新的研究领域,而在职教师则会把这项技术进行新的教学加工,于是在其之后的教研活动中,这个外部技术工具逐渐内化为他们开展教学和研究不可或缺的核心要素。因此,在在职教师和教师教育者的互动中,一个技能首先被教师教育者或在职教师掌握,并在他们的互动中引入,教师教育者或在职教师就是在互动中证明这个技能在实践中的有效性,并希望这个技能在共同体中得到认可和分享,那么经过两个群体在交流讨论以及实践中的验证之后,这个技能就有可能成为一套新的技能甚至理论,从而成为教师和研究者共同的行为或者影响其行为的主要因素。互动过程就是要通过引导核心要素的生成来影响或改变主体行为。

五、促进互动式元教学发生的条件

概括起来,互动式元教学过程经历三类活动、两个阶段。三类活动分别是交往互动、自我认知、元教学行动,两个阶段则分别是由外部交往到内部认知的转化过程以及由内部认知到外部行为的转化过程。这两个阶段的转化过程是互动式元教学过程的关键,前一个过程在于元教学意识的激发,而后一个过程的目标则是元教学行动的形成。这是教师教育双方新行为产生的重要推动力,它对原行为进行反思和改进之后形成了一套教学方案。那么,如何由外部互动转化为内部认知,又由内部认知转化为外部的行为呢?在这一系列过程中,互动是关键诱因,互动方式、互动内容以及互动组织等引导着双方对教学的再次认知、刺激着双方的元教学行动。

第一,同等交互、促进信息双向流动,是互动式元教学发生的生态条件。平等是主体间交互的前提,是实现互动中信息交换的基础。[①] 单向的信息传递不能称之为主体间交互,只会引起一方对另一方的支配,且容易引起信息接收不畅,从而失去交互中信息交换的功能。所以只有双方共享信息,才能有效地识别和提供信息。同等交互首先是双方在交互中有相同的机会,彼此尊重,交互双方不存在谁说服谁、谁改变谁的现象,它是双方都在反省自

---

① 贺金瑞. 全球化与交往实践[M]. 北京:人民出版社,2013:168-175.

身的基础上而开展的平等对话与交流。教师教育活动中同等交互氛围的建立,一方面需要教师教育者要让位于在职教师,给予在职教师话语权,鼓励在职教师释放教学困惑,推广教学成果;另一方面双方要主动释放、表达和解决认知冲突。

第二,同质交互、生成共享信息,是激发主体内部认知的基本保障。主体间交互是为促进各主体内部认知提供刺激,交互主题及其内容作为调节交互的中介,同时属于各主体的活动范畴,反映各主体的观点,否则就会出现交互的错位,不能发挥信息交互的价值。同质交互是指交互双方贡献的信息具有共同属性,同时对双方具有吸引力。而教师教育者和在职教师之间的同质信息主要是教学内容的理论与实践表现。同质的交互内容一方面表现为教育理论中的问题探究,让教师教育者在分享教师经验、倾听在职教师心声中反思教育理论、重新获得新知,也让在职教师在学习中检验自己的教学行为,并为其寻找根源,丰富教学认知;另一方面表现为教育实践问题探究,让在职教师在释放、表达实践问题中,借助专家、同行的会诊,发现自身的问题,吸取他人的精华,从而凝练出新的教研思路,让教师教育者在受到实践洗礼之时,凝练实践精华,检验已有理论的实效性,进一步通过实践的刺激丰富自己的教学、研究经验。

第三,明确交互双方的目标和责任,是促进主体由内而外开展元教学行动的重要条件。个人发展目标不明确、责任不清晰,严重影响着教师教育活动的实效性。目标是交互的导航,而交互是目标达成的手段,没有目标的指引,行动是盲目的。教师教育活动双方的共同目标就是教学发展,而在互动式元教学过程中的目标则体现为元教学行动的生成,表现为"以教学中介为载体对自身教学实践的改进行动",通过这个任务,促进个体把内部认知转化为外显的行为。责任有利于激励交互双方发挥各自的主体性,责任承担和践行过程事实上也是一种由内部认知向为外部行为的转化过程。责任承担是指交互双方要具有责任意识,一方面教师教育者要以"为初等教育以及在职教师的发展提供理论引导"为己任,另一方面在职教师要以"为促进教学发展贡献智慧"为己任,在交互中贡献自己的智慧,促进交互的双赢。目标达成和责任担当相辅相成,通过自我和他我共同引导主体达成发展目标,进一步保障交互的良性循环。

互动式元教学是中小学教师反思教学、促进教学发展、获得自我认知的一种路径,是教育研究者获取研究资料、开展教学研究、提高研究针对性的重要渠道。和单向的元教学相比,互动式元教学是个体自为、自主的一种改进行动,它是通过互动的共享行为来促进互动双方行为的反思和改进。交流平台的构建是实现元教学互动的基本条件,交流群体内部自主的发展需求是推动互动的重要力量。因此,元教学行动与互动式元教学互为条件,只有教师个体认识到了交流的重要性并有意识地改进自己的教学行为,他才能借助交流平台去获得发展;反过来元教学互动是推进教师自主自觉发展的重要手段,只有通过在交流中获得能力和动力,才有利于推动个体自为元教学行动的践行。

从元教学视野来探索教师教育者和在职教师之间的互动过程,能为教师教育发展带来新的契机。本书仅对互动式元教学的概念和过程进行理论思辨和简要论述,今后应在此基础上进一步探究互动式元教学对教师教育的贡献,例如,互动式元教学与在职教师的发展有何关系;如何在互动式元教学视野下促进教师教育者和在职教师之间的互动,推进教师教育的发展;互动式元教学践行还需要哪些环境或资源条件,其对教师教育实践价值体现如何;等等。

第八章　元教学行动的保障条件

元教学行动的践行运用受外部条件的制约,也受教师现存的工作状态、教师生存的物质和文化生活环境等因素的影响。引导教师把元教学行动落实到实践工作中并使其成为一种习惯坚持下来,改善和优化教师生长的文化环境,能够为教师践行元教学行动提供保障。

第一节　提升教师教育者团队的影响力

教师教育环境是教师专业成长的摇篮,影响着教师教学观念、方法以及信念。当下,教师教育得到国家、地方的大力支持,广大教师在这个大环境下获得教学提升和发展的机遇。然而随着教师教育范围的逐步扩大、教师教育技术的现代化以及教师教育开展的常态化,教师教育内容开始泛化,教师教育者的质量开始受到关注。于是就出现了两种矛盾的现象,一边是中小学教师与教师教育者的亲密合作,一边则是中小学教师与教师教育者之间在知识和方法互动中出现观点冲突。因此,在教师教学发展中,优化教师教育环境是提升教师教育质量的首要条件。

一、教师教育者定位

教师教育环境包括物质环境和人文环境两个方面。物质环境主要涉及教师教育的经费支持条件,包括教师教育活动涉及的吃、住、学等物质条件。随着我国经济的发展,教师教育作为国家财政支持的一个重要方面,从财政部、地方教育财政以及学校教学财政等各个层次都有固定的教师教育经费支持。因此,教师教育物质环境条件有了较好的保障。人文环境主要是人与人之间的关系氛围,是教师教育者、中小学教师、教育管理者之间在教师教育活动中建立的相互关系以及活动交流方式。教师教育的人文环境建设受到了教师教育者、学校管理部门、中小学教师等多方面因素的影响。

目前,我国教师教育者的构成参差不齐,教师教育者包括大学普适教育者、大学学科教学教育者、中小学教研员和优秀的一线中小学教师。在教师教育活动中,这些教师教育者承担着重要的角色,他们负责向广大一线教师传递课改理念和传播教学方法,但是又各自发挥不同的作用。中小学的优秀教师主要在教师教育活动中提供实践的示范引领;大学教师教育者主要负责为广大教师提供理论引领;而中小学教研员介于理论和实践之间,在大学和中小学之间架起一座双方沟通和交流的桥梁。教育管理者作为教师教育活动的重要支持力量,作为教师教育活动主体双方的行政支持,能够给教师教育主体提供教师教育机遇。有关教师教育活动的举办时间、地点、条件建设、经费支持、人力支持,都由教育管理者来判断和决策,这其中的管理者涉及高校教师教育管理者,也涉及中小学教育管理者。高校教育管理者提供教师教育条件,而中小学教育管理者具有决定教师参与教育的权力。

二、教师教育者素质现状

当前教师教育人文环境中存在着诸多问题,阻碍着教师教育活动的顺利、高效展开。教师教育者水平良莠不齐,影响了中小学教师对教师教育活动的认识。关于教师教育者的标准以及相关培养策略在我国并不明晰,教师教育者的专业化程度仍然潜存问题。大学教师教育者的专业基本都是在已有的教师专业基础上培养出来的,他们懂得"如何教",但对于"如何教教"这个问题并未受过专业的引领和训练,我们目前还未有类似的专业,所以一般大学教师教育者的"教教"经验都是来源于自己大学教学的实践和对基础教育的研究。另外,大学教师教育者的优势是有丰富的理论知识背景,有自己的基础教育研究领域,他们的主要任务就是为当下和未来的教师以及未来的教育提供服务,但是由于大学实践场景难以接近中小学教学实践,大学教师评价指标体系重成果而轻实践服务,导致大学教师教育者难以有效地观照一线教学场景。理论是实践的指引,理论的前进往往都比实践优先,而理论到实践的转化却是曲折而漫长的过程,由此种种客观原因导致一些年轻的大学教师教育者缺乏把自己的教育理论转化为实践的经验,使得理论可能对于当下解决教学困惑显得有些力道不足,导致他们的教师教育专题理论深奥,难以切实落地并获得中小学教师的认可。由此,造成了一线教师对大学教师教育者的抵触情绪。

中小学教研员的教师教育活动,相比大学教师教育者,他们的理论味比较淡,实践味比较足,容易受到广大一线教师的欢迎。但是,在缺乏理论的背景下,经验的生命力是比较短暂的。而我国当下对教研员的评价标准仍是参照中小学教师标准作为教育对象的,缺乏对中小学教研员的专业指引,教研员在教师教育活动中充当着上通下达的角色,他们的日常教研活动以收集实践材料、评价实践材料、指导教学实践为主,缺乏研究,缺乏创新。一些教研员经验丰富并且具有前端性,但实际上他们很难在这些经验中形成自己的教学主张,由此导致教师难以在中小学教研员的课堂中获取新思想。

教师教育者之间缺乏有效的对话。教师教育课程的设计、活动的开展都是一个系统化的过程,需要各类型的教师教育者之间以及教师教育者与教育管理者之间有良好的协同交流平台,这样才能有利于教育教育课程设计的系统化。然而目前教师教育者之间仍然难以跨越各自的领地,走向真正的融合。究其原因,一是受到教育者个体思想观念的影响,由于教师教育者在教师教育领域代表力量和权威的一方,他们在教师教育主题开展方面已形成互补态势,难以看到融合的必要性和迫切性;二是教师教育个体之间的割裂与教师教育管理条件有关,教师教育管理层面并未给教师教育者提供平台和机遇,其对教师教育的设计就是一种简单的"理论+实践"式的合并,在教师教育者的评价指标中,也未涉及教师教育者之间的横向合作这项要求,其不能成为教师教育者资格获取的必要条件,由此导致教师教育队伍参差不齐。

三、提升教师教育者团队影响力的措施

(一)构建合作网络,形成合作创新文化

借助于互联网技术,引导教师教育单位和教育提供者通力合作,促进构建不同学科、教育部门和科学领域之间的社区和网络;通过在区域、国家和全球层面以及各种义化之间建立网络,加强与劳动力市场的多专业合作,着

力打造教师教育合作路径,学校、教师教育单位、教师开展合作,共同制订各自的能力发展计划,发挥各群体对教师发展的认识,以便于教师教育者在合作中认清自己的角色地位以及所承担的任务;学校和教师教育单位通过加强构建教师之间的合作网络,鼓励教师之间在分享教学和研究心得中促成合作;开通教师教育论坛,让教师教育者参与其中,既为教师教育者之间合作开通渠道,又能让教师在合作中解决发展问题、明确发展方向及获得发展之动力。

(二)利用项目为教师教育者之间的合作搭建平台

项目应该成为教师教育者之间合作的纽带,在各个层面的项目申报中,专门设立教师教育项目,通过开发相关教师教育课程、教学以及资源建设等相关项目,鼓励教师教育者之间以及教师教育者与中小学教师之间合作开展项目申报,把合作作为项目批准的重要前提,鼓励教师教育者各个群体参与,并形成合作态势;利用项目开展对话与交流,认识各自以及对方在教师教育中的地位、任务和需求,了解中小学教师的一线教学需求,为后期教师教育培训奠定重要的基础;通过项目开展合作,促进理论与实践的对接,使得教师教育各方能够在合作中发现自身的限度与问题,开展实质性的学习与合作,通过深化意识、拓展能力,进一步推动教师教育的专业化发展。

(三)加强教师教育者资质认证

目前我国的教师教育者资质没有统一的要求和标准,这是不利于教师教育的专业化发展的。教师教育者资质认定要具有一定的弹性,弹性要更多指向教师教育的多元化发展,不能以单一的教育理论考试进行一刀切式的选拔,要形成教育理论、教育实践、教育德行、教育研究四位一体的全方位资质体系。其中,教育理论是基础,教育德行是条件,教育实践与教育研究是关键,这些资质可以通过单位层面进行审核。另外,在教育实践与教育研究的标准体系中,通过教师教育者的研究领域与基础教育的关联度、教师教育者之间开展研究中的合作程度、教师教育者与中小学教师之间的合作程度的等指标,体现教师教育者与一般教师的区别考察和评价教师教育者的专业胜任力,确保教师教育者具备充分的一线教学研究经历之后才能作为教师教育者。

第二节 优化教师成长的外部环境

教师教育发展中,教师的社会地位、教师教育资源、教师教育评估、教师教育管理等都是教师专业成长的基础条件,影响着教师教育过程的可行度、信任度以及教师的投入度。

一、提高教师社会地位

教师的社会地位是教师劳动所带来的社会价值的认可程度,在实践中主要表现在社会、学校、家长以及学生对教师信任及尊重的程度。

社会对教师的认可程度反映在教师的经济收入上,经济收入越高的教师越能感受到自身的劳动价值,感受到自己的社会地位;而经济收入低的教师,对自身的劳动价值的感知度则比较低。我国各地区教师收入的差距较大,不同学校、不同地域教师对社会地位的感知都有差别。除此之外,社会对教师的认可度还表现在社会为教师提供的文化利益上。让教师享受到职业带来的文化利益,能够让教师普遍获得社会认可感。例如,生活消费、旅游行业设置教师优惠价格,社会活动参与中设置教师优先权,等等。这些文化利益的提供,不但能让教师感受到自身的社会价值,而且也在一定的社会范围内影响着他人对教师行业的认可度。

学校对教师的认可程度反映在学校的管理文化以及校长对教师的尊重程度上。良好的校园文化、具有较强民主意识的校长、教师具有参与学校管理的权利等都能让教师感受到尊重。在学校管理中让教师充分享受到政治利益。政治利益是教师获得组织认可的重要途径,它能够让教师充分地享受民主的权利和责任,激发教师的政治责任意识和参与政治组织活动的动力。政治利益主要体现在:其一,在学校内部,鼓励教师参与学校管理事务,参与学校决策,发挥教师的主人翁精神;其二,在教育管理部门制定教师教育政策之时,实行民主参与,以征求教师意见为前提,在广泛征求教师意见、通过专家论证和精准研讨的基础上,为教师教育决策的实施提供策略。其三,在教育部门的行政选拔活动中,破除以行政论行政的管理痼疾,以基础教师经历作为行政干部选拔的前提条件,鼓励广大教师以及教育管理人员服务一线,同时也能让更多的教师获得教师行业内的政治参与权。

家长和学生对教师的尊重程度主要表现为他们对教师职业的认识。受社会环境的影响,也受教师自身素质的影响,在教师专业化得不到保障的前提下,家长和学生对教师缺乏信任感和亲切感。教师社会地位的外在表现影响着教师的自我认可度和教师的专业成长动力,进而影响着教育质量的提升。营造"学而优则教"的文化氛围是提高教师社会地位的必要条件。从教师选拔入手,强化教师选拔程序,严把教师行业的入门关,选拔适合从教的优秀人才,从根本上提高教师教育的质量。在此,可以借鉴芬兰的经验,强化教师选拔程序,对师范生选拔和非师范学生教师资格的认证都要遵循严格的选拔程序,并和自愿报名相结合,既要关注学生的需求,又不失教师职业入门的标准,既要关注技能型知识,还要对理想、态度、信仰、人格等非学术标准做出规定。芬兰在《教师教育振兴行动计划(2018—2022年)》中,针对师范生生源改善行动指出,要"加大入校后二次选拔力度,鼓励设立面试考核环节,考查学生的综合素养和从教潜质,招收乐教、适教、善教的优秀学生就读师范专业"。除此之外,在观念上,要特别把面试环节作为考验师德的门槛,在面试考核中关注学生的理想、态度、人格等非学术标准。在行动上,要充分考虑面试环节的时间设定,考虑到面试考核环节设立在入校之后会影响到学生的专业调剂和选择问题,在高考录取过程中应该把师范生志愿填报放在提前批进行,以保障师范大学"招收乐教、适教、善教的优秀学生"。将面试考核环节设立在录取学生之前,若是学生没有通过面试,还可以进行下一批次的志愿填报,这样既能保证录取优秀学生从教,又能让不适宜于从教的学生选择其他专业。另外,在非师范生的教师资格审定中,要加强面试环节的考查,增加面试成绩的比例,深入考查学生的奉献、敬业精神等师德根基。

二、优化教师教育资源

教师教育资源承载了教师教育的核心内容,是教师教育方向的引领。教师教育资源不仅包括教师教育内容或者视频课例,还应包括教师教育计划、教师教育方法和教师教育活动。当前,我国教师教育资源存在的主要问题是,资源建设孤立,缺乏整合。在资源建设中,资源建设的主体如中小学教育管理者、教师教育管理者要么以教师教育者为主,要么以中小学教师为主,由此导致教育资源中理论和实践之间的割裂。另外,资源缺乏规范性,关于教师教育内容、方法、手段以及平台缺乏基本的标准参照,导致教师教育资源内容不聚焦,比较分散。其方法、手段缺乏科学论证,由此导致教师教育平台的适用性较差。

教师教育资源的建设必须是建立在民主化的基础上进行,开辟多途径论证教师教育计划,让理解教师、保障教师、发展教师的观念深入人心。民主性强、参与人员广泛、教师参与度高这3个特征是芬兰教师教育计划受众性的重要保证,其基于实际需求而制定的教师教育计划在一定程度上能保障教师和被教育者的权利,使得教师教育计划得到有效落实。在我国,教师虽有参与教师教育计划制订的途径,但多以高校研究专业性政策法规的专家和学者为主体,对于普通教师而言,直接参与的机会太少;其形式主义比较严重,其利益表达效果微乎其微。[①] 因此,教师教育资源建设中,首先,通过深入了解教师的自身需求,关注教师的发展,保障教师在教师教育计划决策和教师资源建设中的参与度。提高不同层次、不同地域教师的参与度,为教师教育计划的弹性化实施提供借鉴。其次,应开辟多方参与教师教育计划制订和教育资源建设的途径,搭建群众参与教师教育计划制订和资源建设的平台,尤其也要充分考虑到家长对教师行业的认识,通过自下而上的方式收集资料,以应对教师面临的外界挑战。利用教育专家论证、通过自上而下的规划指引教师教育的发展方向,同时结合教师面临的挑战、发展的方向以及自身需求,制订教师教育发展目标,让教育计划和资源能够切实回应当前教师面临的实际问题。

建立教师教育资源的审核机制。审核机制建立的目的是确保教师教育资源的专业性。专业的教师教育审核组织机构,必须是由大学教师教育者、中小学教研员、专家教师、普通教师等组成,其核心目的是严格把控资源审核程序。教师教育资源的审核以网络审核为主,可分别由不同的专家群体对教师教育资源进行打分评价,并且保证4类群体评分权重相等。评分结束后对于分数合格的教育资源要进行公示,征求专家团队中的不同意见,对

---

① 侯佛钢,张振改. 教师参与教育政策制定的价值与困境分析[J]. 教育探索,2013(06):32-33.

于有不同意见的部分,审核机构组织互动与协商,力争最终达成一致。

三、规范教师教育项目评估

教师教育项目评估的规范性是促进教师教育环境优化的重要推动力量,当下教师教育中诸如人力资源建设、物质资源建设中存在的问题,归根结底,是由于教师教育项目评估的架空所致。因此,建立和健全教师教育成效评估机制势在必行。教师教育项目成效评估包括对项目申报、项目实施、项目实施效果3个方面的评价,按照条件—过程—结果这3个要素,收集相关资料,组织专门的教师教育评估机构来对其进行评价。评估过程以关注教育对象所需、关注项目实效性为基础。在申报条件中要注重考察教师教育者资历与教师教育计划的一致性、教师教育计划与教育对象需求之间的吻合性;在项目实施中,要注重评价项目实施方法与计划内容的一致性、项目实施条件与申报目标的一致性,同时还要兼顾评价项目实施方法、手段在国际教师教育领域中的领先性。在项目实施效果的评价中,要注重对教育对象的需求和所获成果之间的一致性、项目计划和项目实施效果之间吻合度等方面的评价。

四、强化教师教育管理

教育管理者的思想影响教师教育资源有效性的发挥。教师教育事关国家教育质量的提升,关系国家科技发展和技术进步,在目前教师教育资助力度强、参与人员广、技术支持力度大、资源建设丰富的背景下,仍然有一些教育管理者因其思想保守影响教师的进步和发展。受学校之间竞争以及人才竞争的压力,教育管理者为了维护学校的正常教学秩序,稳定教师心态,避免人才流失,对于教师的外出教育严格把控;一部分教育管理者目光短浅,只注重当下教学的正常运行,而忽视了对教师职业生涯长远的规划和发展,在遇到强制性的教师培训时,经常用体音美教师来占用培训名额以完成教师教育任务,使主科教师失去了受教育和再发展的机会。

强化教育管理者的教师教育意识,解决管理者所面临的问题是有效利用教师教育资源的前提条件。这些问题的解决归根结底是教育资源均衡化的问题。当下,各地实行的大学区计划、教师交流与帮扶计划、合作办学等都旨在解决教育管理者面临的人才流失问题。强化各级教育部门的教师教育管理考核也应该成为促进教师教育落地的重要措施,从而为教师接受良好的再教育提供自由的环境。

利用评价加强教师教育管理。首先,在各级管理部门实行教师教育考核机制,加强对各级教育部门教师教育的监督和管理,使得教育部门真正落实教师教育。对于教师教育项目管理部门,加强考核其实施的有效性、针对性和丰富性,保障教师教育时间设置的科学性;对于教师管理部门,把教师参与再教育的频次、比例等作为其管理绩效考核的重要指标。其次,从学校层面来看,要考核其教师教育落实的全体性,把学校参与教师教育项目的频次总数作为考核学校教师质量的重要指标,加强学校管理者对于教师教育调配合理性以及针对性的考核。最后,落实教师教育个人评估机制,对教师个人实行弹性化和积分式管理,以保障个人能够有足够的机会享受到教师教育的相关服务。

第三节 建立生态化教师管理环境

一、建立生态的教师管理文化

教师管理的中心问题是如何调动教师的工作积极性。[1] 然而,当前在教师管理中缺乏对教师生命的完整理解,教师往往被看作是抽象意义上的客体——"工作体"。教师的个体独特性和多样性被抹杀了,人被异化了。于是对教师的要求千篇一律,管理过程也变得高度程式化,[2] 导致教师在教学工作中缺失个性体现、难以拥有充足的发展动力。回归生命、关注生命,以谋求教师的全面、自由发展为教师管理的终极目标,应该成为教师管理理念的重要方向。全力营造和谐的教师管理文化,构建强动力、弱压力的教师管理环境,为教师的生命发展提供能源和动力,让更多的教师找到自信和价

---

[1] 赵国忠,李添龙.学校领导与教师的规范化管理[M].合肥:安徽人民出版社,2012.155.

[2] 姬向群.中小学管理纵览:《中小学管理》精选本1997—2006[M].北京:首都师范大学出版社,2007:439.

值,如此不仅能够让教师获得幸福,还有利于为教学增添活力。

在教师管理中,加强学术化引导,进行"去行政化"管理,是构建强动力、弱压力服务环境的条件。动力是教师进步的能量,压力可能会禁锢发展的思维或方式,强化动力,转压力为动力,是构建具有生命体的教师管理环境的重要手段。行政化的管理中政策多而服务少,在某种程度上带有一定的强制性,会使得教师有压迫之感,不利于教师动力感的生成。"去行政化"并不是消除行政权力,而是应该重新考量政治权利应该以何种方式存在或影响教师发展。[1] 学术化引导是作为"去行政化"管理的有益补充,能够有效地通过学术魅力感化教师,引导教师形成对教学的认识,并激发教师教学动力的形成,促进教师教学发展。实行行政管理和学术组织共同运营是实现"去行政化"管理的主要手段之一,通过行政干预为教师的发展提供更好的纽带服务,通过关系链接,让教师发现志同道合的同行者,找到心灵倾诉的对象;让教师发现优势资源,随时为其排疑解惑提供抓手;让教师合理定位自己在教育系统中的角色,自觉发现不足而激发起发展动力。学术引导的目的在于强化专业,为教师的教学发展提供转化的引导,帮助教师找到自我发展的方向,为实现教师目标提供援助,让教师在内在的动力基础上再次获得外在的动力援助,为教师的发展增量。另外,在教师管理中,遵循"不求统一、但求发展"的原则,根据教师的个性及需求,发现教师专业特长并进行有针对性的培养训练,使人尽其才、才尽其用。

二、建立强对话、弱辩论的教师交往文化

教师交往包括几个层次的交往——班级内的教师交往、学科内的教师交往、教师与管理人员的交往、教师与家长的交往。[2] 无论哪个层次的交往,目的都是为了沟通、理解、合作和共同发展。交往是指双方处于平等地位,彼此通过交流互动表达观点,讨论并达成共识。对话是主体之间交往的一种行为,从交往的角度来看,对话不仅仅局限于两人之间,它可以在任何数

---

[1] 赵峰.论高校的政治权力与"去行政化"[J].西北师大学报(社会科学版),2011,48(02):86-90.

[2] 周海玲.制度下的教师文化[M].济南:山东教育出版社,2006:146-196.

量的人之中进行;对话是一种流淌于人们之间的意义溪流,它使所有对话者都能够参与和分享这一意义,并因此能够在群体中萌生新的理解与共识。[1] 在交往中主体意见不一致的情况,容易形成辩论,通过指出对方观点的谬误性,确立自己观点的正确性。辩论是说话的双方(或多方)对同一事物的同一方面持有不同的观点,运用一定的理由来反驳对方的观点,来确立己方的观点。[2] 辩论虽然给予双方表达不同观点的机会,能够让辩论者得到更好的思维锻炼,知识获得迅速的扩充,但辩论的结果易导致一方具有强烈的挫败感,导致交往主体形成一种偏执的观念,从而不利于交往中的意义共生。与交往中的辩论相比,对话强调平等、民主、自由和商谈。因此,在教师交往中,应该营造强对话、弱辩论的文化氛围。

提供强对话、弱辩论的教师交流环境,能够有效促进教师主体性的发挥和个体性的施展。班级内的教师交往为教师教学主体性的发挥提供基础,班级内的交往更多是一种学科间的互动与融合。通过对话,各学科教师之间可以增进学科理解,共同寻找各学科之间的交叉内容,挖掘探索综合实践活动题材;通过学科之间的对话,能够增进教师对学生的全面了解,帮助教师在学科之间找到促进学生学习的有效方法。[3] 学科内的教师对话是促进教师个性获得发展与完善的舞台,学科内的交往主体来源多样、层次不一,教师在这个群体之中的对话,能够发现自己的过去,探索自己的未来,这个群体的交往对于教师本人来讲更多指向学科教学的改进与发展,是一种纵向引领教师教学获得个性化发展的平台。在此,民主的对话氛围给予每个教师发言的权利,能够排除教师的戒备心理;平等的对话有利于教师主体表达自己的教学观点,然后发现问题;协商的对话能够让教师发现自己的优点,从而获得教学自信。

在教师与管理人员之间、教师与家长之间营造和谐的对话氛围是一个难点问题,同样是教学管理中的关键问题。目前,交往不平等现象比较严重,例如教师在与管理人员交往中主体性地位不突出,而与家长交往中的主

---

[1] 伯姆,尼科.论对话[M].王松涛,译.北京:教育科学出版社,2004:6.
[2] 申丽辉,赵秀英.大学语文基础:第2册[M].北京:原子能出版社,2007:115.
[3] 吴振利,饶从满.论非正式松散合作性高校教师教学发展[J].教育研究,2011,32(01):73-77.

体地位就非常突出,其原因是受固有教育伦理观念的影响。因此,建立教师与管理人员之间的平等对话,有利于双方通过表达增进理解,有利于教育管理条例的人性化改进,有利于教师对管理的认同。建立教师与家长之间的平等对话,能够让家长放下包袱、坦诚相待,这样教师便可获得更加丰富、具体的学生信息,以便更深入地理解学生和有针对性地引导学生。另外,强对话弱辩论的教师交往环境还能够保护教师交往的自信心,能够有效促进教师在对话中获得新知、实现教学认知图式的更新和改进,为教师认识自己、认识教学提供认知刺激;借助于对话平台的搭建以及对话文化的营造,可以为教师提供有力的合作和深度交往的机会,从而创建和谐、融洽的合作氛围。

在教育管理中,树立强对话、弱辩论的交往意识。首先,要树立"以教师为本"的服务理念,在管理事务处理中以教师利益为出发点,为教师提供实时泛在的服务,为教师教学提供物质保障;为教师提供教学时空自由的管理环境,保护教师个人信息及其相关评价信息的隐私,为教师教学提供精神保障。其次,通过物质环境为教师交往创设温馨的环境,为良好的话语交流提供必要的物质准备,以达到缓解交流和交往的压力感,有利于让教师在交流中充分地发挥自身的主观能动性。最后,利用焦点性的话题以及自由的活动形式,激发教师交流的兴趣和参与活动的积极性,通过教师群体之间的交往,正确引导教师有效地介入教学发展空间,参与教学事务讨论,从而淡化行政力量对于教师交往的干预,保障交往中教师的个人感受和心理体验得到充分的尊重和理解。

三、建立开放多元的教师评价文化

教师评价是指依据一定的标准对教师现实的或潜在的价值做出判断的过程。[1] 主要包括奖惩型评价和发展性评价,奖惩型评价为教师薪酬、荣誉、晋职等提供依据,发展性评价主要为教师的专业发展提供服务。《中共中央国务院关于全面深化新时代教师队伍建设改革的意见》中提出注重教师师德修养、优化教师考评制度,以激发教师的工作活力。在这一背景下,建立

---

[1] 蔡宝来. 现代教育学:理论和实践[M]. 上海:上海教育出版社,2011:313.

奖惩型评价与发展性评价相融合的教师评价制度,淡化评价结果的奖惩导向,加强评价结果的发展导向。建立开放、多元的评价文化,能够增加评价结果的科学性与全面性,引导教师全面而深刻地认识自己以及评价的结果,注重从教师内心进行人文和学术观照,相比一般的奖惩,其对教师的触动更具有深刻性,对于教师发展的意义更大,因此,这种多元评价文化在一定程度上能够淡化评价结果的奖惩导向。

建立开放、多元的评价文化,就是充分利用评价方式的多样化、评价主体的多元化以及评价内容多元化来分散和转化教师的压力。在封闭、机械的评价文化中,其评价方式、评价内容以及评价主体都相对单一,容易受评价主体的主观观念、评价方式的客观缺陷以及评价内容对教师考查不全面等因素的限制,教师评价的结果具有一定的片面性,从而容易引起教师的焦虑感。受评价机械化和程式化的影响下,教师的教学工作相对机械化,他们会由评定教,他们的教学重心过多地停留在应对评价中,为了取得高分对学生进行题海训练。为了应对教案检查进行教案复制粘贴,为了应对课堂检查而临场改变教学态度,等等。他们疲于应对评价中的各种具体环节,从而失去了捕捉教学智慧、积累教学能量的机会,失去了在教学中进行创新的动力和机遇。多元的教育评价给予教师进行优差互补的空间自由,让教师能够在强化自身优势的同时,通过不同的手段来弥补自己的不足和缺陷,多元化的评价在一定程度上能够将教师的压力转化成动力。开放、多元的评价文化有利于激发教师的教学自创性,给予教师更多的自主权,推动教师的教学内心与行为的一致性。

开放、多元的评价文化首先应该从管理理念上弱化教学评价,特别是弱化评价的甄别功能,要加强评价引导和激励功能的发挥,引导教师要善于发现教学问题,认识到教学发展的重要性和学习的必要性,以达到降低教师压力的目的。其次,构建多样化的评价网络,增强教学评价的可累积性与评优的难度,改变单一的教师评价手段和评价方式,通过德育、认知、情感、能力4个维度来考查教师的教学效能,通过家长、学生、社会、学校4个层面来考查教师的影响力。最后,力争使考评内容实行多样化,如把学生的成绩考评作为一个有机组成部分,综合考评教师的教学信心、教学组织能力、教学反思能力、教学研究能力;通过"减负重质"的评价文化,让教师放下沉重的考评包袱,以便于他们有足够的时间和精力反思教学,反思自己的行为,使得自己教学在内心和教学行为上达到一致,形成一种自觉自主的发展。另外,关于评价文化的开放性,还应该体现在这种评价周期的约束上,延长教学评价的周期以避免短期评价的不稳定性,以促进评价发展性目标的实现。

第四节 搭建区域性教学服务平台

教学发展中心是教师交流的平台,是教师教学发展的重要智库支持,其主要是通过各类专家团队,如教学名师、教育专家、教育技术专家、教育评估专家等有针对性地为教师的教学把脉,了解教师教学问题,解决教师教学困惑,为教师教学提供各种支持。这个活动平台的打造能够打破教师教学孤立无助的状态,让教师在学习中不断提高教学技能和教学事件的处理技巧,促进教师教学知识和教学能力的发展,从而保障教学质量和人才培养质量。区域性教学发展中心主要是以学区为范围,通过以下几个途径来实现其对教师的教学引导作用。

一、开展学术性教学引导,营造良好的教学学术氛围

建立学术性的团队组织,这样的学术性团队能让教师信服,有利于教学发展中心开展各种教学研究或研讨活动,能够为教师的发展营造良好的教学学术氛围。通过教研部门的合理组织和管理,建立理论联盟和实践联盟共同体,保障他们之间的交流通畅。选择那些对教学及教学研究感兴趣,致力于教育理论研究或在某个学科内有一定教育理论基础和教学经验的教师组建教学学术团队。研究人员构成也应该具有一定的开放性,除定岗的管理人员外,可聘请各个学科的教学名师作为教学督导或者教学协商人员,为教师提供教学发展的合作伙伴,帮助教师分析教学问题、制订教学策略。

学术性的教学引导不是通过几个演讲、几堂优秀教师的观摩课就能够实现的,教学引导的学术性是基于对教学的研究和对科学的探究,表现为一种深层次而又有针对性的引导。作为一个学术性的教学引导机构,要能够组织相关人员收集、探索并实验科学有效的教学方法、教学评价方法以及教学管理方法等。尤其是,校内的学术团队要探索适合于本校发展的,或适合

于特色发展的教学模式以及评价模式,同时为教师建立相应的教学资源库,引导教师开展各种类型的学习和教学研究,以促进他们教学知识的积累以及教学能力的提升。

二、创设优质的教师服务环境,引导教师成长

促进教学发展应从教师角度考虑"教学需要什么,我们能为教师提供什么"的问题。教师面对的是动态性极强、关系复杂的学生群,他们时时面临挑战。教师工作的反复性也会使他们不时感到困惑和迷茫,所以,创设提供优质教师服务的环境可以帮助教师解决困惑、排除障碍,帮助教师丰富实践经验、增强信心和明确方向。

一是为教师的教学实践提供丰富的教学资源。教学资源是教师汲取教学营养的源泉,丰富的教学资源对于教师的教学实践具有指引作用。例如,为教师教学提供教学辅助工具,提供有价值的教学信息和咨询,提供优秀的教学案例和教学事件处理案例,等等。这些都能为教师教学素材的挖掘和间接经验的积累提供支撑,为教师日常教学提供基础参考和服务。当然教学资源的提供需要考虑到教师的需要以及教学层次。由于教师成长是一个连续的、动态发展的过程,在其职业生涯的不同阶段应该侧重不同的培训内容和发展形式[①]。对于新手教师来说,精细的课堂设计案例、教学方法选择策略、优秀的教学案例欣赏对他们职业初期站稳讲台至关重要。因为在为新手教师准备教学经验时,需要准备精密的课堂计划书及相关范本,帮助新手教师完成教学计划。而对于成长期的教师,日常教学互动技巧、教学论文、教学日志范例、教育智慧的凝练策略等资料,给他们提供了教学经验积累的策略,让他们认识到经验积累的重要性,引导他们学会积累和发现。因此教学资源的提供路径应趋向于多元化,通过同伴交流、专家引领的方式,通过思维碰撞、理性分析、教学理论与实践融合的路径,让他们对教学的理解多元而丰富;采用间接的网站链接形式,提供一些教学事件处理的相关理论文献和链接网站,给教师丰富教学经验提供更多的选择空间,以利于教师的学习和自我提升。

---

① 曲铁华,冯茁. 基于学术特质的高校教师专业发展论[J]. 教育研究,2009(01):60-63.

二是加强对教师的鼓励和引导,帮助教师获得教学自信。考察教师的教学心理需要比单纯考察教学需要更容易抓住教学需要的根源。优秀教师的成长是一个长期而曲折的过程,在这个过程中,情商相比智商、信心相比能力更重要。根据教师成长阶段的不同,从心理上来解除他们的教学后顾之忧,激发他们的教学动力。对于新手教师来说,他们在职业初期有美好的憧憬,但也会因为暂时的角色不稳定而导致职业上的迷茫,那么教师服务就要针对这种可能存在问题,通过专家引导、示范引领、案例分析等形式,为新教师提供条件,帮助他们尽快适应教学。对于成长期或成熟期的教师,由于他们已经具有相当成熟的经验,职业倦怠是这个阶段教师的通病,一些教师满足于已有的成果,一些固守自己的教学程式,他们缺乏年轻时期的创新激情,导致课堂缺乏活力、教学缺少动力以及发展缺乏鼓励。通过社会舆论、学生学习收获等资料让教师认识到自己的教学使命,分享到学生收获的喜悦,激发他们教学发展的积极性,从而坚定教学的信心;通过教学思想方法交流活动,针对一些教师现有比较成熟的教学方式进行调研和推广,让教师分享自己或同事的教学心得,体验到分享的乐趣,在分享中进一步充实教学资料和增强教学信心。对于退化期的教师,他们可能拥有一些经典的教学事件和宝贵的教学资料,但临近退休,会因自己的教学智慧无法持久服务于教学而感到忧伤,或因无人分享而感到孤独。教学发展服务应发掘老年教师的优势,通过传、帮、代的形式为中青年教师服务,和青年教师建立良好的合作团队,共同分享教学心得与收获,使得不同类型的教师能各取所需。

健全教师教育的服务机制及常态化运作,保障教师发展的顺畅通达。建立研究服务机制,以服务促研究。通过项目为教师开展研究提供经费,建立高校研究者的基础教育研究服务规范,保障高校教育研究者能够带动并服务于中小学教师开展教研活动,通过研究引领教师了解教育研究前沿,保持发展活力。建立教师教学服务机制,相对于芬兰一比一的导师配比,我国的教研员数量还远远不够。加大教师导师的投入,培养一批服务于教学一线、专注于一线问题研究的教师导师,定量定岗地服务于一线教师。用服务来了解教师,促进教师教育实践与教育理念的契合,定制并实现教师专业发展目标。建立职前和职后协作服务机制,确定中小学校和高校在教学服务方面的职责,让职前教师在中小学做助教,帮助在职教师处理一些技术性、琐碎性的事务,让职后教师为职前教师做示范和引导,帮助他们熟悉实践场景,通过通力合作,双方能够来保障各自在教学发展中各取所需,从而实现共赢。

三、搭建教师可持续发展平台,保障教学发展活力

教学发展中心作为一个引导教师可持续发展的服务机构,需要考虑"教师教学发展还需什么条件,我们能提供什么"。在基本条件保障的前提下,中心应着眼于教师的长远发展,通过专家指导、学术交流和资料分享等途径,让教师在快乐中实施教学、分享教学的同时,保持教师发展的时代性及保障教学发展的活力。首先,与时俱进地提供教学技术服务。在此需要说明的一点是,此处的教学技术特指合乎教学科学理论或定律内在规定性的教师身心动作的软性教学行为技术,从宏观的角度来看,涉及教学设计技术、教学操作技术、教学评价技术等方面。[1] 但随着教育理论的发展以及与其他学科理论的相互作用,各个层面教学技术的使用都会有一个新的发展,并不断地在某个层面影响着教师的教和学生的学。例如,流行的情景教学设计、多媒体教学、多元教学评价等教学技术都在教育界获得了认可,但使用的效果并不乐观。究其原因,主要还在于使用者在潮流的追随中并没有深刻领会新型教学技术的本质。面对教学技术这个发展性的领域,中心的研究和服务应与时俱进,特别是对于一些新型的教学技术,中心首要要从理论层面做一个深入把握,然后根据教师和学科的需求,为教师提供教学技术服务和指导,提供一些新型教学技术的使用案例以增加教师的直观感知。通过有效性的评价,以确保教学技术使用效率,为教师提供针对性的技术支持。其次,建设教学学术共同体,为教师提供教学交流和研究的氛围。应充分利用校内外资源,通过内部挖潜和外部引进的方式,努力为教师营造教学学术氛围,让教师在教学交流和研究中不断提高自己的教学学术修养。通过在校内组织开展各种教学研讨会议及鼓励教师参加校外教学研究会议等方式,促进教师进行学习、交流心得。通过建立教学工作研究小组、开展教学研究主题设计、集体进行教学设计和研讨等活动,践行教学学术。通过举

---

[1] 赵伶俐.教学科学、教学技术、教学艺术三位一体中端论:视点结构教学原理及其技术系统研究[J].西南师范大学学报(人义社会科学版),2004,30(04):89-94.

行自由式的教学聚会,营造教学学术氛围,让教师在分享教学心得和感受之中获得启发和激励。最后,建设教学参考资料库,通过网络和文本等各种形式,为教师的教学增添力量。

第五节 强化教师专业培训措施

一、加强培训中的理论引领,提升教师的元教学意识

元教学意识先于元教学行动又发展于其中,它能够引导元教学行动又能在实践的基础上获得促动。元教学意识的养成是教师实践元教学行动的保障,它比掌握丰富的元教学行动更重要,拥有元教学意识,教师才能主动地去实践元教学行动,也才能在实践中获得发展的可能,因此,在教师教育中,元教学意识的培养应该作为一项首要的任务,使教师掌握基本的教育理论,实现其对有效教学的指引。

教育理论的学习是元教学意识养成的必要条件,元教学意识即是在认识元教学、理解元教学的基础上对于教学的一种态度,它需要教育理论知识的支撑,离不开系统的理论学习研究。没有理论学习,教师就不可能有自主自觉而又有创造性的实践。[1] 虽然在一定经验积累的基础上,一些教师形成了自己的教学习惯以及教学思想,但是如果这些零碎的思想不及时用教育理论进行反思和重新认知,那么他就只能成为教材、教参、标准答案的传声筒。[2] 没有理论知识储备的教师,可能只是一名教书匠,难以获得自我提升;教学理论学习推动教师融合理论与实践,促进教育的良性循环。掌握系统的教育理论知识有利于教师从理论的高度审视教学实践及理解多变的教学场景,从而形成系统的理论分析能力,及时地把教学中的实践经验进行归纳、整理并内化,凝练成教育机智或理论。这个过程让教师体验到理论与实践的不可分离性,能够让教师真正成为教育的主人,使他们脱离教书匠而成

---

[1] 郭华.我国教师专业发展的实践探索:主体教育实验18年回顾[J].北京师范大学学报(社会科学版),2010(05):21-27.

[2] 张向众.教育理论与教师发展:从教师的生命之维来看[J].教师教育研究,2005(06):10-14,19.

就教育家。

理论培训专题的开展是元教学意识养成的必要途径,教师培训是一项集中的教师专业训练机会,能够把元教学概念、意义以及实践策略进行系统的讲授,有利于促进教师对元教学概念的深层次认识,让教师从理念上认识元教学,从而树立元教学意识。把理论知识渗透于教师培训中,应以发展性的培训目标为导向,用生长性的培训内容充实教师的理论知识,这样才能够激发教师的元教学意识。所谓生长性内容,是指在内容的选取上要具有可塑性,能够触动教师实践、交流和研究的意识,为发展性目标的实现提供载体内容。发展性的培训目标不再是知识积累和技能训练,应指向为教师的可持续性发展服务,例如让教师认识到专业发展的重要性,引发其自觉的发展意识,引领其学科研究视角,积累其行动研究经验,实现培养其教研引导力的根本目标。

利用高屋建瓴的理论视角引领教师自觉反思,引发自觉发展的意识。教师个人教学哲学的形成对于保证教学活动的有效性、促进教师的专业化发展都有重要意义。[1] 每个教师都有自己的教学哲学,但是教师往往缺乏对自己教学的深层次思考,从而导致了个体教学哲学的缺失。在培训中,通过教学哲学之于教师专业化发展的意义、教师个体教学哲学的建构途径等相关专题的熏陶,激发受训者自觉反思:"我的条件是什么?我们学校的现状是什么?我应该干什么?我的目标是什么?"认清自身发展以及学校发展中的内外部条件,从实际情况出发,认识自己的教学风格,形成对个体以及学校的明确认识,从而建立良好的教学观,形成个性化的教学哲学。教学文化建设是教师专业发展的动力,立足教学文化自觉,教师可深刻反省自身教学实践以及教学行为习惯,形成教学文化自觉,教师能够深刻地认识到自身的文化责任和文化抉择,创造出适合时代发展的新型教学文化。[2] 开展诸如教学文化的内涵及其建设意义、教师文化的特点及其发展、教师个体与教学发展之间的关系等专题讲座,让教师理解教学文化建设的重要意义,认识自我

---

[1] 陈晓端,席作宏. 教师个人教学哲学:意义与建构[J]. 教育研究,2011,32(03):73-76.

[2] 晋银锋. 教学文化自觉:内涵阐释、意义探寻与实践路向[J]. 课程·教材·教法,2010,30(11):22-26,95.

发展与教学发展之间的关联,体验教师文化发展之于个体发展的重要性,引导教师自觉反思实践,逐渐形成自觉发展的意识。

利用问题性的学科研讨氛围激发专业发展意识,引领教师形成学科研究视角。所谓立足于学科,就是说培训专题中也要体现出学科性,这样才能将学科内容融于研讨之列,从而发挥其独特的学科优势。具体可通过下面措施来实现:通过学科文化、现代学科知识、现代学科思想与发展等专题研讨,引领教师奠定深厚的学科知识基础,树立正确的学科观;结合课程所涉及本学科模块实施现状的探讨,与同行、专家开展交流,考察本学科教学问题及引发问题的本质;引导教师利用自身的理论知识解决当前教学中的主要矛盾和问题,增强其教学实践能力。以具体学科为基本载体,有针对性地结合当前某学科教育的热点专题,如教师行动研究案例、教师教学能力拓展研究、现代教育技术的实效性研究、高效教学方式和案例研究与进展等,开展必要的资料查阅、整理和讨论活动,引导教师在审视自己与他人的教学过程中,在学习先进教学理念的基础上,探索学科研究区域,逐步形成学科研究视角,同时也为教育资源的开发打好基础。

利用理论与实践的交互式学习,加强学习理论的践行和实践的反思,激发教师的元教学意识。枯燥的理论对于青年教师不具有吸引力,在教师团队研究与学习中,可以通过理论知识与实践案例结合的方式,让青年教师发现元教学行动的魅力,使他们认识到元教学行动在指引有效教学,促进教师发展方面的重要作用,让他们树立良好的元教学意识。通过真实场景的工作坊引发教师实践反思,激发其行动研究意识,积累行动研究经验。通过实践知识的引领、实训中针锋相对的交流,在团结与挑战中促进教师形成坚韧挑战能力和勇于创新的开拓能力,产生"我要思考、我要研究、我能引领"的念头。开展诸如教师教学知识的内涵和发展、实践反思的必要性和方法、校本研修内涵和发展策略等专题研讨活动,以优秀的实践案例为载体,集中组织教师学习、分析和讨论,不但能够让他们直接吸收教学理论知识,间接获得教研经验,更重要的是,用理论和实践案例来引导他们展开分析与讨论,使理论与实践相融合,锻炼其理性分析问题和解决问题的能力,推动他们进行实践反思,为其行动研究的开展奠定基础。利用"影子培训"引领教师走进身边的教研先锋,倾听同行的教研故事,体验其日常教研生活,在过程性参与中激发受训者的元教学行动,促进他们反思并拓展自身的理论与实践知识结构,逐步萌生行动研究意识。

二、加强实践中的行动指引,让元教学行动成为习惯

元教学行动的践行是教师自主成长的重要路径。元教学行动是教师在教学之前、之中和之后把握教学、调控教学、理解教学的重要纽带,这些行为同时也是新手教师在其成长初期所缺乏的,是上好一堂课所需要的。在教学实践中,新手教师和老教师的行动指引都不可忽视。对于新手教师,由于缺乏经验,所以首先应让他们明确元教学行动的基本要素,理解其对教学发展的重要性;其次把元教学行动的践行作为实习的一项重要任务,让他们有意识地把这些行为纳入自己的教学过程,学会有意识地理解教学、认识教学。而对于老教师来说,元教学行动也不多余,随着教育情境多元化、教学对象多样化等教学要素的发展变化,教学形式、教学方法甚至教学内容都在不断调整,元教学行动同样需要与时俱进,以保证教学的活力。

(一)以"影子互助"为契机,加强元教学行动体验

在实践行动指引中,可以"影子互助"方式让各类教师之间形成一个互相学习的教学共同体,把学、教任务融汇在日常的教学工作中,以激发教师教学动力。影子互助方式也能为教师提供最为直接的经验。在此需要说明的是,简单的几堂课及经验不足以支撑教师的教学发展,它们仅是教学现象的表达,难以全面地体现教学本质。考虑到教学本质的内隐性和教师教学发展的复杂性等特点,以课堂为切入点,让教师挖掘隐藏在课堂背后的教学生成技术、方法和过程等,有利于充实他们的理论和实践知识,为其教学发展提供真切可行的借鉴。

优化"影子互助"内容的选择,以课堂为载体,优质课和随堂课灵活搭配。两种课型各有优势,能够从不同角度,把许多难以言传的内隐性的教育智慧生动地表达出,让听课者得到体验和感受。通过优质课为教师们提供一个样板,为教师教学树立一个目标,为其发展指引一个方向,让教师能够从中意识到课堂教学的应有状态和理想状态。所谓随堂课,是没有经过事先打磨的课,由于教学智慧往往是在教学过程中处理随机问题而生成的,相对于优质课,这种课型展示的是一种真实的教学场景,切近听课者的教学现

实,其中教学问题暴露真实,教师的教学机智产生自然,在这种情景下学习,教师能够感受到教学的真实状态,理解教学的所以然。

合理搭配"影子互助"对象,选择"元教学行动凸显者"作为"影子互动"教学共同体的引导者和合作者。"凸显者"要尽量多样化,从年龄、资历、学历、科目等方面进行协调分配;课型应该多样,展现教学的丰富性和复杂性,让影子教师能够在不同类型的课、不同类型引导者那里,全方位地体验元教学行动的有效性及其实践路径,进一步唤醒"看"和"听",从而使教师在丰富的案例中寻找自我,进而形成自我认同。

丰富互助活动形式和内容,通过看、听、问、议等多种活动学习。"看"和"听"仅能让学习者知晓教学结果,获取直观感受,不易发现教学的内隐性规则,掩盖生成教学之努力过程。譬如"学习",要深刻理解这个结果,就要"知其然,知其所以然",教学的学习应该完整地理解课堂形成过程及生成途径,理解设计者的理念,通过深入了解一堂课,给予学习者以教学的智慧启迪。在共同体的合作下,以让教师深入了解课的来源和构成、认识授课目标,要鼓励教师多"问"、多"议",要善于和授课人沟通"这堂课设计的意图和主题思路",了解这堂课设计的背景,在与授课人的交流中了解授课人的背景和成长经历,关注授课人在教学知识、教学能力方面的成长过程等作为自身成长的借鉴。

以"思"为导向,以"议"为手段,充分地把相关的理论知识融汇于"影子"课堂中来分析和理解,寓理论于丰富的实践案例分析之中,让影子教师体验理论的指导作用,感受实践中的理性把握;通过案例分析,引导影子教师在高层次的教学理论水平上来审视课堂、分析课堂、理解教师、理解教育教学理论,不但能够丰富教师的理论知识,也能够让他们在这种实践中获得教学发展。

(二)依靠专业团队,为元教学行动提供技术支持

元教学行动引导应贯串于日常教学,内化于教师的日常行动,这个过程需要专业技术团队的引导。专业技术团队服务于教师的教学,为教师开始元教学行动提供技术支持和服务工作。主要可从以下3个方面来开展:一要考虑到反思对教师教学发展的重要性,在技术支持上,应该为教师提供教学反思所需的基本资料以及所需条件,建立教师调查问卷、学生学习情况问

卷、教学访谈技巧等基础资料库,提供课堂教学录像设备和服务,为教师及时了解教学情况提供便利服务;二要建立专门的教学评价委员会,共同帮助教师收集教学材料,诊断教学现象,提供教学咨询;三要采用多样化的评价方式,如通过学生评教、学生自评、教师自评等多种方式了解教学情况,保证教学反思和评估的合理性、全面性,提倡通过私密的评价方式,为教师提供参考资源和教学协商,共同讨论教学中出现的问题及今后需要改进的方向,以保障评价结果的有效落实。强制行为的生命力是短暂的,只有自主自觉的行为,其生命才可得到延续。元教学行动应引导教师体验、培养其兴趣和行动信心,增加其自觉化实施的可能性,只有元教学行动被教师当作常规来开展,进而达到自动化之时,教师的教学才会在潜移默化中获得不断发展。

参考文献

[1] CLARK-WILSON, ROBUTTL, SINCLAIR. The mathematics teacher in digital era[M]. Springer Dordrecht Heidelberg, New York London, 2014.

[2] TOWNSEND R. Educating the reflective practitioner: toward a new design for teaching and learning in the professions[J]. Australian Journal of Adult Learning, 2010, 50(02): 448-452.

[3] JAWORSKI B. Research practice into/influencing mathematics teaching and learning development: Towards a theoretical framework based on co-learning partnerships[J]. Educational Studies in Mathematics, 2003, 54(2-3): 249-282.

[4] MORTIMORE. Understanding pedagogy and its impact on learning[M]. ASAGS Publishing Company, 1999.

[5] 陈晓端,张立昌.有效教学[M].北京:高等教育出版社,2015.

[6] 唐龙云.心理学基础[M].杭州:浙江大学出版社,2015.

[7] 赵芳.小组社会工作:理论与技术[M].上海:华东理工大学出版社,2015.

[8] 赵毅衡.广义叙述学[M].成都:四川大学出版社,2013.

[9] 肖正德.教师概论[M].杭州:浙江大学出版社,2013.

[10] 贾宝泉.散文谈艺录[M].天津:百花文艺出版社,2013.

[11] 贺金瑞.全球化与交往实践[M].北京:人民出版社,2013.

[12] 曹顺庆,赵毅衡.符号与传媒:第5辑[M].成都:四川大学出版社,2012.

[13] COOPER, HERON, HEWARD. 应用行为分析[M].美国展望教育中心,译.2版.武汉:武汉大学出版社,2012.

[14] 赵国忠,李添龙.学校领导与教师的规范化管理[M].合肥:安徽人民出版社,2012.

[15] 王晓华.回到个体的哲学[M].桂林:漓江出版社,2012.

[16] 帕尔默.教学勇气:漫步教师心灵[M].吴国珍,余巍,等译.上海:华东师范大学出版社,2005.

[17] 蔡宝来.现代教育学:理论和实践[M].上海:上海教育出版社,2011.

[18] 黄荣金,李业平.数学课堂教学研究[M].上海:上海教育出版社,2010.

[19] 严平.为师之道[M].南昌:江西高校出版社,2010.

[20] 姬向群.中小学管理纵览:《中小学管理》精选本(1997—2006)[M].北京:首都师范大学出版社,2007.

[21] 申立辉,赵秀英.大学语文基础:第2册[M].北京:原子能出版社,2007.

[22] 朱晓申,邓天中.交互性外语教学:理论与实践[M].上海:上海外语教育出版社,2007.

[23] 陈晓端,等.有效教学理念与实践[M].西安:陕西师范大学出版社,2007.

[24] 扎拉嘎.互动哲学:后辩证法与西方后辩证法史略[M].北京:中国社会科学出版社,2007.

[25] 周海玲.制度下的教师文化[M].济南:山东教育出版社,2006.

[26] 胡卫,唐晓杰.教育研究新视野:1995—2005[M].上海:上海人民出版社,2005.

[27] 克里克山克,贝勒尔,梅特卡夫.教学行为指导[M].时绮,等译.北京:中国轻工业出版社,2003.

[28] 唐莹.元教育学[M].北京:人民教育出版社,2002.

[29] 范梅南.教学机智:教育智慧的意蕴[M].李树英,译.北京:教育科学出版社,2001.

[30] 裴国祥.元认知:理论与教育实践[M].杭州:浙江人民出版社,2001.

[31] 樊浩,田海平,等.教育伦理[M].南京:南京大学出版社,2000.

[32] 钱扑.教育社会学的理论与实践[M].南宁:广西教育出版社,2001.

[33] 熊川武.反思性教学[M].上海:华东师范大学出版社,1999.

[34] 韩民青.当代哲学人类学:第2卷 人类的组合:从个体、群体到整体[M].南宁:广西人民出版社,1998.

[35] 阎国利.眼动分析法在心理学研究中的应用[M].天津:天津教育出版社,1998.

[36] 格尔茨.文化的解释[M].韩莉,译.南京:译林出版社,1996.

[37] 米德.心灵、自我与社会[M].赵月瑟,译.上海:上海译文出版社,1992.

[38] 谭德姿.教学语言艺术[M].杭州:浙江大学出版,1991.

[39] 杜威.我们怎样思维·经验与教育[M].姜文闵,译.北京:人民教育出版社,1991.

[40] 罗国杰.伦理学[M].北京:人民出版社,1989.

[41] 蔡德麟.马克思主义哲学[M].福州:福建科学技术出版社,1988.

[42] 金观涛,华国凡.控制论和科学方法论[M].北京:科学普及出版社,1983.

[43] 宋锡正.孔子教学思想之研究[M].台北:文森印刷文具有限公司,1975.

[44] 谢架恩.认知心理学[M].台北:易博士文化,城邦文化出版,2015.

[45] 熊建辉,姜蓓佳.中小学教师工作负担现状调查与减负对策[J].中国教师,2019(09):72-75.

[46] 李夏妍.中学教师职业压力源探新[J].教育导刊(上半月),2016(03):78-81.

[47] 王俊.教师职业的性别标识探论:兼谈师范类院校男女生比例失衡问题[J].高等教育研究,2015(06):65-72.

[48] 王大军.河南省中小学教师职业倦怠现状及成因分析[J].郑州大学学报(医学版),2015,50(01):110-114.

[49] 胡洪强,刘丽书,陈旭远.中小学教师职业倦怠现状及影响因素的研究[J].东北师大学报(哲学社会科学版),2015(03):233-237.

[50] 刘要悟,柴楠.从主体性、主体间性到他者性:教学交往的范式转型[J].教育研究,2015,35(02):102-109.

[51] 侯佛钢,张振改.教师参与教育政策制定的价值与困境分析[J].教育探索,2013(06):32-33.

[52] 王萍萍.浅析反思性教学与元认知教学[J].基础教育研究,2013(06):25-26.

[53] 尚晓青,杨渭清.促进高效数学教学的课堂提问的策略[J].数学通报,2013,52(01):35-37,39.

[54] 周云华.超越说课:对历史说课的再思考[J].上海教育科研,2011(09):70-71,53.

[55] 陈晓端,席作宏.教师个人教学哲学:意义与建构[J].教育研究,2011,32(03):73-76.

[56] 赵峰.论高校的政治权力与"去行政化"[J].西北师大学报(社会科学版),2011,48(02):86-90.

[57] 吴振利,饶从满.论非正式松散合作性高校教师教学发展[J].教育研究,2011,32(01):73-77.

[58] 陈晓端.元教学研究引论[J].陕西师范大学学报(哲学社会科学版),2011,40(01):150-155.

[59] 晋银锋.教学文化自觉:内涵阐释、意义探寻与实践路向[J].课程·教材·教法,2010,30(11):22-26,95.

[60] 郭华.我国教师专业发展的实践探索:主体教育实验18年回顾[J].北京师范大学学报(社会科学版),2010(05):21-27.

[61] 胡定荣."走进"与"走出""元教学论"[J].教育研究与实验,2010(04):75-79.

[62] 邵光华,顾泠沅.中学教师反思现状的调查分析与研究[J].教师教育研究,2010,22(02):66-70.

[63] 朱德全,杨鸿.论教学知识[J].教育研究,2009(10):74-79.

[64] 曲铁华,冯茜.基于学术特质的高校教师专业发展论[J].教育研

究,2009(01):60-63.

[65] 丛立新.讲授法的合理与合法[J].教育研究,2008(07):64-72.

[66] 陈秋燕,钱敏,黄丽珊,等.四川省中小学教师职业倦怠和工作压力的现状分析[J].西南民族大学学报(人文社科版),2006(12):275-277.

[67] 蒋菲.20世纪90年代我国元教学论研究的背景及其过程[J].当代教育论坛,2006(09):33-34.

[68] 徐继存.教学理想与现实的冲突:理解与超越[J].教育科学研究,2005(12):16-18.

[69] 常永才.成人学习特点研究的硕果及其学术价值:对诺尔斯自我指导学习理论的评析[J].外国教育研究,2005(11):78-82.

[70] 张向众.教育理论与教师发展:从教师的生命之维来看[J].教师教育研究,2005(06):10-14,19.

[71] 庞丽娟,洪秀敏.教师自我效能感:教师自主发展的重要内在动力机制[J].教师教育研究,2005(04):43-46.

[72] 李和臣,仰海峰.自我的构成与历史认识中的主体间性[J].教学与研究,2005(02):13-18.

[73] 冯向东.从"主体间性"看教学活动的要素关系[J].高等教育研究,2004(05):25-30.

[74] 赵伶俐.教学科学、教学技术、教学艺术三位一体中端论:视点结构教学原理及其技术系统研究[J].西南师范大学学报(人文社会科学版),2004,30(04):89-94.

[75] 赵良渊,成晓龙,王彤.浅谈青年教师如何掌握教学方法[J].山西医科大学学报(基础医学教育版),2004,6(01):89-91.

[76] 岳伟,王坤庆.主体间性:当代主体教育的价值追求[J].华东师范大学学报:教育科学版,2004(02):1-6,36.

[77] 马颖,刘电芝."反思性教学"研究述评[J].乐山师范学院学报,2003(06):87-91.

[78] 庞朴.中庸与三分[J].文史哲,2000(04):21-27.

[79] 高清海.人类正在走向自觉的"类存在"[J].吉林大学社会科学学报,1998(01):1-12,94.

[80] 申继亮,辛涛.论教师教学监控能力提高的方法与途径[J].北京师范大学学报(社会科学版),1998(01):35-42.

[81] 秦洁茹.中学教师教学反思现状的调查与分析:以山西省国培中学教师为例[D].太原:山西师范大学,2014.

[82] 于飞飞.中小学教师职业倦怠现状及其与社会支持、主动性人格的关系研究:以Q市教师为例[D].南京:南京师范大学,2013.

[83] 阮丽华.小学教师教学反思现状调查及其策略研究[D].杭州:杭州师范大学,2012.

[84] 王春光.反思型教师教育研究[D].长春:东北师范大学,2007.

[85] 李冰.上海市大、中、小学教师职业倦怠的现状及其影响因素研究[D].上海:上海师范大学,2004.

附　录

附录1　教师教育现状调查问卷

尊敬的老师：

您好！此问卷为全面了解中小学教师教育的基本情况，以不记名的方式进行，内容不涉及个人隐私，调查的结果只用于数据统计分析，不涉及对任何学校和个人的评价，研究报告中也不会出现任何单位和个人的资料。您填写的真实情况将为本研究提供有价值的参考。诚恳希望能得到您的大力支持，再次向您表示衷心的感谢！

请在与您情况相符的标号下打"√"。

1. 您的性别 [单选题] A. 女； 　B. 男
2. 您的年龄 [单选题] A. 26～35岁； 　B. 36～45岁； 　C. 46岁及以上
3. 您的职称 [单选题] A. 初级； 　B. 中级； 　C. 高级
4. 您任教的学校 [单选题] A. 小学； 　B. 初中； 　C. 高中
5. 您所在的学校 [单选题] A. 名校； 　B. 省重点； 　C. 普通
6. 您的学历是 [单选题] A. 本科； 　B. 研究生； 　C. 专科
7. 您的任教学科是（　　　）

以下问题会有5个选项，分别是 A. 完全不符合，B. 不太符合，C. 不确定，D. 比较符合，E. 完全符合。

8. 我一般会在教学之前做详细的教学设计　　　　　　　　　（　　）
9. 教学设计应包括详细的教学流程以及设计依据　　　　　　（　　）
10. 课堂中及时反思教学设计的合理性非常重要　　　　　　　（　　）

11. 我经常会把我的教学设计思路讲给同事听　　　　　　　（　）
12. 教学中我会通过学生的反馈状态来了解我的教学设计是否合理
　　　　　　　　　　　　　　　　　　　　　　　　　　（　）
13. 当我发现学生反应和我的设计有出入时,我会尽快调整并评估学生的反应　　　　　　　　　　　　　　　　　　　　　（　）
14. 我一般会在课后对自己的教学进行简单的反思和评价　（　）
15. 课题研究活动对于教师的发展很重要　　　　　　　　（　）
16. 参与教师培训项目对于教师的发展很重要　　　　　　（　）
17. 参与教育专家的报告活动对于教师的发展很重要　　　（　）
18. 开展教学反思对于教师的发展很重要　　　　　　　　（　）
19. 我每节课后都会撰写教学反思日志　　　　　　　　　（　）
20. 教学设计是教师在课前必须要开展的一项基本工作,对于教学质量影响非常大　　　　　　　　　　　　　　　　　　　　（　）
21. 我的每堂课都有详细的教学设计　　　　　　　　　　（　）
22. 课前,我通常都会进行一些简单的教学预演　　　　　（　）
23. 教学预演是每个教师教学之前的必要的准备活动　　　（　）
24. 教学中及时的教学反馈对于有效教学非常重要　　　　（　）
25. 我经常会把自己的教学设计和他人的做比较分析　　　（　）
26. 同事之间的听评课有利于教师教学发展　　　　　　　（　）
27. 阅读相关教育学方面的书籍和文章对于教师发展非常必要（　）
28. 我能坚持阅读教育教学方面的文章和书籍,以了解教育发展前沿
　　　　　　　　　　　　　　　　　　　　　　　　　　（　）
29. 我经常会参加一些相关教育教学的学习活动　　　　　（　）
30. 我经常会针对教学问题做一些小研究　　　　　　　　（　）
31. 说课活动的开展有利于教师个体教学获得进步和发展　（　）
32. 我每周都会有说课的锻炼　　　　　　　　　　　　　（　）
33. 教学中我会及时灵活地处理那些突发的问题　　　　　（　）
34. 我经常会把自己的教学录像拿来进行反思和分析　　　（　）
35. 我有时间阅读相关教育方面的书和文章　　　　　　　（　）
36. 我参与课题研究的经验并已取得一些成果　　　　　　（　）

37. 课堂上及时对自己的言行进行自我监督对于有效教学非常重要
 (   )
38. 开展教学研究对教师的教学发展非常 (   )
39. 我已取得一些重要的研究成果重要 (   )

附录2 研究问卷结构效度

元教学行动阶段	因子	载荷值
教学前	设计 X	0.737
	设计 Y	0.735
	说课 X	0.745
	说课 Y	0.742
	预演 X	0.820
	预演 Y	0.821
教学中	监察 X	0.761
	监察 Y	0.812
	自检 X	0.750
	自检 Y	0.752
	反馈 X	0.884
	反馈 Y	0.763
教学后	学习 X	0.710
	学习 Y	0.702
	研究 X	0.842
	研究 Y	0.813
	对话 X	0.761
	对话 Y	0.820